Franz Settegast

Joi in der Sprache der Troubadours nebst Bemerkungen über

jai, joia und gaug

Franz Settegast

Joi in der Sprache der Troubadours nebst Bemerkungen über jai, joia und gaug

ISBN/EAN: 9783744763127

Hergestellt in Europa, USA, Kanada, Australien, Japan

Cover: Foto ©Thomas Meinert / pixelio.de

Weitere Bücher finden Sie auf **www.hansebooks.com**

Joi

in der Sprache der Troubadours

nebst Bemerkungen über

jai, joia und gaug.

Von

F. Settegast.

Sonderabdruck aus den Berichten der Königl. Sächs. Gesellschaft
der Wissenschaften. 1889.

Sitzung am 20. Juli.

Herr *Ebert* legte eine Arbeit des Herrn Prof. *F. Settegast* in Leipzig vor über *»Joi« in der Sprache der Troubadours* nebst Bemerkungen über *jai, joia* und *gaug*.

Vorbemerkung.

Die nachfolgende Untersuchung über Bedeutung und Gebrauch von »joi« in der Sprache der Troubadours ist nur ein kleiner Theil einer von mir geplanten Arbeit über sämmtliche romanische Wörter, welche »Freude« und verwandte Begriffe bezeichnen, und zwar nicht nur Substantiva, sondern auch Adjectiva und Verba. Ich habe für diese Arbeit das Material aus der provenzalischen Lyrik bereits gesammelt, ebenso aus dem Französischen und zum Theil auch aus dem Italienischen. Da aber bei dem grossen Umfang der zu bewältigenden Aufgabe die Vollendung der Arbeit nothwendigerweise einen langen Zeitraum erfordern wird, so habe ich mich entschlossen, einen kleinen Abschnitt schon jetzt zur Kenntniss der Fachgenossen zu bringen, wobei mich auch die Hoffnung leitete, durch etwaige Beurtheilungen auf Mängel in der Art und Weise der Behandlung der Aufgabe aufmerksam gemacht zu werden, damit ich dieselben im weitern Verlaufe der Arbeit vermeiden könne.

Der Umstand, dass diese Untersuchung nur ein Theil eines geplanten grösseren Ganzen ist, hat es auch mit sich gebracht, dass ich mich aller Vergleichungen des behandelten Wortes mit sinnverwandten Wörtern anderer romanischen Sprachen sowie des Lateinischen enthalten habe. Eine solche Vergleichung kann in wissenschaftlich befriedigender Weise doch nur im Rahmen jenes Ganzen vorgenommen werden, und so entschloss ich mich hier zu diesem Verzicht, wie sehr auch der Gegenstand an sich zu einer vergleichenden Behandlung einlädt, und obwohl ich nicht verkenne, dass ich mich dadurch selbst des Hauptmittels beraubt habe, der ihrer Natur nach trockenen lexikalischen Darstellung Leben und Reiz zu verleihen.

———————

Unter den verschiedenen bei den Troubadours vorkommenden Verwendungsarten des Wortes *joi* stelle ich diejenige voran bei der es, ebenso wie das lateinische Grundwort *gaudium*, den allgemeinen Begriff der Freude ausdrückt, d. h. einer als angenehm gefühlten Erregung des Seelenlebens, hervorgerufen durch dem Subjekt günstige Erlebnisse oder Ereignisse irgend welcher Art, sei es, dass dies Gefühl im Innern des Gemüths verschlossen bleibt oder auch äusserlich sich bemerklich macht[1]). Von den Synonymen *gai, alegre, deportz* (bezw. den Ableitungen dieser Wörter) unterscheidet sich *joi* namentlich insofern als der Begriff jener stets das äusserliche Hervortreten, die äusserliche Kenntlichkeit freudiger Erregung oder Stimmung in sich schliesst.

In der angegebenen allgemeinen Bedeutung, ohne die besonderen Beziehungen, die bei den anderen Verwendungsarten vorliegen, findet sich *joi* in den Gedichten der Troubadours verhältnissmässig selten. Ich erwähne hier zunächst Verbindungen wie *jois mondans, jois d'est segle*, welche ganz allgemein die Freude dieser Welt, welcher Art dieselbe auch sein möge, bezeichnen. So Peire d'Alvernhe: —— — *ieu dezam lo joy d'est segle* (*Dieus verai vida*, Rayn. IV, 424). — Bertran de Born: *D'aquest segle flac, plen de marriment, s'amors s'en vai, son* [d. i. *d'aquest segle*] *joi tenc mensongier* (*Si tuch li dol*, Stimming S. 213). — Bertolomeu Zorgi: *Que'l plus eleigz jois mondans es dolors* (*Ben es adreigz*, Rayn. IV, 460).

Mit diesem weiten, viele einzelne Arten umfassenden Begriffe des Wortes steht es im Einklang, dass es sich gern mit dem unbestimmten Fürwort *tot* verbindet. So Bertran de Born: —— — *la mort del joven rei engles, don reman pretz e jovens doloros, el mons escurs e tenhs e tenebros, sems de tot joi, plens de tristor e d'ira* (*Si tuch li dol*, Stimming S. 212). — Arnaut de Maroill sagt, indem er der durch den Anblick der

———————

1) Der letztere Fall liegt z. B. vor in einer Stelle aus Gaucelm Faidit, worin der Dichter erklärt, dass der Anblick der Freude und des Glückes anderer ihm Thränen entlocke: *E plor, quan vei joi* [*UV gaug*] *ni be als autres* (*Al semblan del rei ties*, Bartsch 147, 23).

Geliebten hervorgerufenen Freude jede andere Freude, und zwar als eine minderwerthige, entgegenstellt: *Tot autre joy desconois et oblida, qui ve'l sieu cors gent e cortes e guay* (*Si cum li peis*, Mahn I, 464). Dem positiven *totz jois* »jede Freude« steht das negative *negus jois* »keine Freude« gegenüber, das sich z. B. bei Peirol findet: *Tant ai assis mon voler en ma douss' amia que ses lieys ges non poiria negus autres joys plazer* (*Quoras que'm fezes*, Mahn II, 5).

Wie die beiden zuletzt genannten, so gehört auch das folgende Beispiel einem Liebesliede an; an allen drei Stellen aber wird *joi* in der allgemeinen Bedeutung gebraucht und der Liebesfreude entgegengesetzt. Peire Vidal sagt sich von der Liebe los mit den Worten: *E lais me Deus mon melhs trobar alhors* [»anderwärts«, d. h. nicht in der Liebe], *e'm do tal joi que'm torn en alegratge; que'l jois d'amor torn' en planhs et en plors* (*No'm fai chantar*, Bartsch Ausg. S. 66). Auch ein Liebeslied von Peirol weist unser Wort in seiner allgemeinen Bedeutung auf, indem der Dichter am Schluss den Segenswunsch ausspricht: *Domna del mon, que plus mi platz, jois sia ab vos, on que siatz* (*Atressi co'l signes*, Mahn II, 2). Aehnlich sagt, ebenfalls in einem Geleit, Arnaut de Maroill: *Chanso, vas Mon Franques* [l. *Frances*] *t'en vai, quar ab luy es joy e bon' aventura* (*Franqueza e noirimens*, Mahn I, 460).

Das durch *joi* bezeichnete Gefühl wird hervorgerufen nicht nur durch Erlebnisse oder Ereignisse, deren Einfluss sich auf das Subjekt allein oder doch, ausser diesem, auf kleine, demselben nahestehende Kreise [1]) beschränkt, sondern ebenso auch durch Ereignisse bezw. Nachrichten, deren Tragweite sich auf weite Volkskreise erstreckt. Daher kann unser Wort auch dasjenige freudige Gefühl bezeichnen, welches durch günstige Nachrichten rein oder doch vorherrschend politischen Charakters erregt wird. So sagt Guiraut Riquier, nachdem er seinen Schmerz darüber ausgesprochen, dass der bisher von ihm hochgeschätzte König Alfons von Castilien durch seinen Mangel an kriegerischem Sinn bei Freund und Feind in Verachtung gerathen ist: *Quar*

---

1) So in einer Stelle aus dem »Seneca« (Bartsch Denkmäler S. 195, V. 86), wo als Gebot praktischer Lebensweisheit eingeschärft wird, dass man an Freude und Schmerz seiner Nachbarn Theil nehme: *De lor joy t'alegra am lor, e dol ti de la lor dolor.*

ja gran joi non aurai, tro per ver auja comtar que·l sieu enemic major aian ab lui tal amor que d'els no·l calha 'gardar (*Qui·m disses non a dos ans*, Rayn. IV, 387). Der Gedanke ist hier in negativer Form ausgedrückt; positiv würde es heissen: *Aurai gran joi, quan auzirai*[1]).

Von Verbindungen unseres Wortes mit anderen Redetheilen erwähne ich hier diejenige mit den Präpositionen *de* und *ab*. Nicht selten im Provenzalischen und auch von den Troubadours gebraucht ist die Wendung *faire alcuna re de joi* d. h. etwas mit Freuden, mit Vergnügen thun, wo *de joi* mit *de grat* »willig« oder dem Adverbium *volontiers* »gern« synonym ist. So Bernart de Ventadorn: *No posc dir mal de leis, que non i es; que·l n'agra dig de joi, s'eu l'i saubes; mas no l'i sai, per so m'en lais de dire* (*Be m'an perdut*, Bartsch 59, 22). — Im wesentlichen dieselbe Bedeutung hat *ab joi*, so in einer Stelle bei Aimeric de Pegulhan, wo ein Thier als das Subjekt erscheint, dem *joi* zugeschrieben wird: *Et eu cum fols ai gaug de ma dolor e de ma mort, quan vei vostra faisso: co·l bazalesc, qu'ab joi s'anet aucir, quant el miralh se miret e·s vi* (*Si cum l'albres*, Bartsch 162, 9).

Soviel über *joi* in der allgemeinen Bedeutung der Freude. Eine bei weitem wichtigere Rolle in den Gedichten der Troubadours spielt diejenige Verwendungsart unseres Wortes, wonach es die zur Liebe in Beziehung stehende, auf ihr beruhende Freude bezeichnet. Zum Ausdruck dieses Begriffes wird nicht selten das vollere *joi d'amor* »Liebesfreude« gebraucht, indem zu *joi*, als der Bezeichnung des allgemeinen Begriffes der Freude, die besondere Bestimmung *d'amor* hinzugefügt und so der Gattungsbegriff *joi* in einen Artbegriff verwandelt wird. So Cercalmont: *E domna non pot ren valer per riquessa ni per poder, se jois d'amor no l'aspira* (*Per fin' amor*, Bartsch 47, 32)[2]). —

----

1) Wie in diesem Beispiel *joi* eine Freude bezeichnet, die durch eine Nachricht über stattgefundene günstige Ereignisse hervorgerufen wird, so zuweilen auch eine solche Freude, welche auf Hoffnung künftigen Glückes beruht. So empfindet »joi« der Gefangene, der dem Kerker zu entrinnen hofft: *Per que hom pres, cant n'espera issir, deu joi aver* (Cobla des Bertran Carbonel, Bartsch Denkmäler S. 17).

2) Von Bartsch und ebenso von P. Meyer (Recueil 70) mit der Hd. (D) unrichtig abgetheilt: *la spira*; auch im Glossar der Chrestomathie ist das auf diese Stelle gestützte *spirar*, das dem Provenzalischen fremd und auch

Peire d'Alvernhe: *Qu'ieu no sui drutz ni drutz no'm fenh, ni nulhs joys d'amor no m'esjau* (*Belha m'es la flors,* Mahn I, 97). — Guillem de Cabestaing: *Per qu'eu m'esjauzisc e'm demor d'un joy d'amor qu'em ven al cor* (*Ar vey qu'em vengut,* Mahn I, 111). — Peire Rogier: *Si'l joys d'amor no fos tan fis, ja non agra durat aitan* (*Tant ai mon cor,* Appel 51). — Bertran de Born: *Cortz e gerras e joi d'amor mi solion far esbaudir e tener gai e cantador* (Liedanfang, Stimming 146). — Derselbe: — — — *non fai ad amar rics hom per drudaria; tant ant a cossirar, per que'l jois d'amor los lonha* (*Senher en coms,* Stimming 210).

Als Modificationen des Ausdrucks *joi d'amor* erwähne ich die folgenden Wendungen, deren Eigenthümlichkeit darin besteht, dass einerseits zu *amor* noch attributive Bestimmungen (Adjektiva oder das auf die Herrin bezogene Possessivpronomen *sa*) hinzutreten, andererseits das als Bestimmung zu *joi* dienende *d'amor* durch das Possessivpronomen *son,* bezogen auf ein vorausgehendes Subjekt *amors,* ersetzt wird. Bernart de Ventadorn: *Qu'ieu pert, per falsa lauz humana, tal joy de fin' amor certana* (*Ja mos chantars,* Mahn I, 29). — Graf Wilhelm von Poitou: *E deu hom mais cent ans durar, qui'l joy de s'amor pot sazir* (*Mout jauzens,* Holland 26). — Bertran de Born: *Guilhelms, a Torena vai dire a'n Bos que's captenha tan be qu'om puesca d'oi enan eslire que amors de son joi*[1]) *l'estre* (*Cel qui camja,* Stimming 145).

Aber wenn auch der Ausdruck *joi d'amor* in den Liedern der Troubadours keineswegs selten ist, so genügt doch in der Regel das einfache *joi,* um die zur Liebe in Beziehung stehende Freude zu bezeichnen: es ist der herrschende, durch den Sprachgebrauch der Troubadours geweihte und sozusagen technische Ausdruck für diesen Begriff. Indem unsere Dichter denselben einfach mit *joi* ausdrücken, bezeichnen sie jene von ihnen über alles geschätzte Art der Freude als die Freude schlechthin. Missverständniss oder Unklarheit des Sinnes war aus dieser be-

---

von Raynouard nicht aufgeführt ist, zu streichen. — Das von einer zweiten Hd. gebotene *l'espira* wäre nicht grade falsch, aber *l'aspira* ist ohne Zweifel vorzuziehen.

1) Es liegt gar kein Grund vor, hier von der Bedeutung »Freude« abzugehen und *joi* mit »Gunstbezeugung« wiederzugeben, wie Stimming dies im Glossar seiner Ausgabe thut.

sonderen Verwendung des Wortes nicht zu besorgen; in den
Liebesliedern, der eigentlichen Stätte dieser Gebrauchsart, ist
ja von einer anderen Art der Freude nur selten die Rede und
die Beziehung auf die Liebe von vorn herein gegeben. Wenn es
z. B. in einer Canzone Guillem's von Cabestaing heisst:
*No·s deu plaigner d'afan ni dire sa dolor ni conoisser son dan ni
de be far lauzor amics, que va camjan soven sa captenensa. Mains
ne parlon dese e non sabon de que mou jois ni malsabensa (Ancmais no·m fo semblan*, Mahn I, 110) — so ist ein Zweifel über die
Art der am Ende dieser Strophe durch *joi* bezeichneten Freude
ausgeschlossen: es kann hier nur die Freude der Liebe gemeint
sein. Ebenso, wenn König Alfons von Aragon in einem
Liebesliede sagt: *En trop ricas voluntatz s'es mos cors ab joi
mesclatz (Per mantas guizas*, Bartsch 87, 1).

Indem ich nunmehr auf diesen besonderen Gebrauch des
Wortes näher eingehe, führe ich aus der Fülle der sich dar-
bietenden Beispiele (von denen in dieser Abhandlung selbstver-
ständlich nur verhältnissmässig wenige eine Stelle finden können) zunächst einige an, die sich syntaktisch dadurch kenn-
zeichnen, dass in ihnen *joi* als Subjekt eines intransitiven Verbs
erscheint. Besonders gern wird das Wort so mit dem Verbum
venir verbunden, indem der Gedanke ausgedrückt wird, dass
die Freude von der Geliebten zum Dichter bezw. in's Herz desselben komme. So Guillem de Cabestaing: *Qu'a mi platz
mais c'atenda ses totz covens saubutz vos don m'es jois*[1]) *vengutz (Li dous consire*, Bartsch 76, 5). — Peirol: *Belha domna,
en cui renha sens e beutatz e valors, suffriretz qu'aissi m'estenha
lo deziriers e·l dolors? Sivals dels plazers menors me faitz que
jois*[2]) *m'en venha (Dels sieus tortz*, Mahn II, 22). — Guillem
de Saint Leidier: *Tant es [scil.: la domna] de merce estraigna
que no·l platz que jois m'en veigna (Bel m'es oimais*, Mahn II,
15). — Ebenso das volle *joi d'amor* in der schon oben (S. 103)
aus Guillem de Cabestaing angeführten Stelle: *un joi d'amor
qu'em ven al cor.*

Aehnlich wird unser Wort mit *esser assis* verbunden zum
Ausdruck des Gedankens, dass die von der Geliebten kommende

1) Die Hd. E bietet *gaugz*; so liest Raynouard III, 115 und, ihm folgend, Mahn I, 114.
2) E: *joia.*

Freude im Herzen des Dichters ihren Sitz genommen hat. So Pejre d'Alvernhe: *Tan m'es dos e gens sos vezers e'l joi que m'es el cor assis (Dejosta'ls breus jorns*, Mahn I, 94).

Während durch die letztgenannte Wendung bildlich, mit persönlicher Auffassung der Freude, der Gedanke ausgedrückt wird, dass die Freude ein Besitzthum des Dichters ist, wird dieser selbe Gedanke unmittelbar und unbildlich durch das zu *joi* tretende Hülfsverb *esser* mit einem prädikativen Pronomen possessivum ausgesprochen. So Graf Wilhelm von Poitou: *Toz lo jois del mon es nostre, dompna, s'amdui nos amam (Farai chansoneta*, Bartsch 34, 21). *Joi* mag hier allerdings, worauf der Zusatz von *tot* und *del mon* hinzuweisen scheint, den oben besprochenen allgemeinen Begriff der Freude ausdrücken, aber doch jedenfalls so, dass dabei vorzugsweise an die Liebesfreude gedacht wird.

Auf ein possessives Verhältniss weist ferner hin das Verbum *cobir*, das, wie Diez.(Etym. Wörterb. 4 S.146) bemerkt, »fast nur mit *joy* verbunden wird«. Die Wendung *jois m'es cobitz* »Freude ist mir zu Theil geworden« findet sich bei den Troubadours nicht ganz selten. Jaufre Rudel: *Belhs m'es l'estius e'l temps floritz, quan l'auzelh chanton sotz la flor ; mas ieu tenc l'ivern per gensor, quar mais de joy mi es cobitz* (Liedanfang, Mahn I, 63). — Arnaut de Maroill: *A gran honor viu cui jois es cobitz* (Liedanfang, Mahn I, 156). — Bertran de Born: *Na Tempra, jois m'es cobitz, qu'ieu n'ai mais que s'era reis (S'abrils e fuolhas*, Stimming 208).

Wie mit *cobir*, so verbindet sich *joi* auch mit dem synonymen *eschazer* zufallen, zu Theil werden. Pons de Capdoill: *Pero ades esper, sitot mos cors s'esmaya, qu'apres l'ira m'eschaya tals joys que'm denh plazer (Ben es folhs*, Mahn I, 350).

Aehnlich diesen Verbindungen intransitiver Verba mit dem als Subjekt dienenden *joi* sind eine Reihe von Verbindungen transitiver Verba mit dem als Objekt gebrauchten *joi*. Wie jene Wendungen die Freude als ein Gut oder Besitzthum auffassen, so drücken auch diese den Sinn aus, dass die Freude ein Gut ist, in dessen Besitz der Dichter sich befindet, das er gewinnt, erwartet, erhofft, verliert.

Ausserordentlich häufig ist die Wendung *aver joi* d. h. Freude haben oder erhalten. Jaufre Rudel: *Er ai ieu joi e suy jauzitz* (*Belhs m'es l'estius*, Mahn I, 63). — Derselbe: *Al res no y a mais del murir, s'alqun joy non ai en breumen* (*Pro ai del chan*, Mahn I, 62). — Guillem de Cabestaing: *Per bon respieit en que'm mandetz tener mout ai gran joy, si aitals mals me greya; que'l ben aurai, quan vos plaira, encar, belha domna, qu'ieu suy en l'esperar* (*Lo jorn quie'us vi*, Mahn I, 109). — Peire Raimon de Toloza: *Benanansa e fin joi verai aic ieu de mi dons al partir* (*Us novels pessamens*, Mahn I, 144). — Derselbe: *Et es assatz belha razos aver joy de fin' amansa* (Ebenda, Mahn I, 145). — Peirol: *Que si per lieis non cobre jauzimen, ie'us pleu per me que jamais joy non aya* (*Be'm cujava*, Mahn II, 10).

Weniger häufig ist *tener joi* »Freude besitzen«, mit *de* und der Bezeichnung der Frau, von welcher der Besitz stammt. Bertran de Born: *Noi ha joi qui de lei no'l te* (*Cel qui camja*, Stimming 144).

Vereinzelt findet sich *esser poderos de joi* d. h. eigentlich »Freude in seiner Gewalt haben«. Pons de Capdoill: *Que per un joy, don no sui poderos, soan alhors totz autres jauzimens* (*Leials amicx*, Mahn I, 344). Ebenso *sazir joi* »Freude in Besitz nehmen«. Graf Wilhelm von Poitou: *E deu hom mais cent ans durar qui'l joy de s'amor pot sazir* (*Mont jauzens*, Holland 26).

Verhältnissmässig selten sind auch die Wendungen *cobrar, conquerre joi* »Freude gewinnen«. Guiraut de Borneill: *Que vey qu'ab ponher d'esperos non puesc tan far que joi cobres* (*A ben chantar*, Mahn I, 188). — Raimon de Miraval: *E s'eu anc dis orgolh vas domnas, aras m'en tolh e torn a mezura; e drutz qu'es d'aital escolh conquier joi* (*Anc trobars*, Bartsch 150, 20). — Uc de la Bacalaria: *Bertrans, jois quant es conquezitz ab gran maltrag et ab dolor, val mais* (*Digatz Bertrans de San Felitz*, Tenzone, Rayn. IV, 32).

Gazanhar joi »Freude gewinnen« und *emblar joi* »Freude stehlen« finden sich vereinigt in einer Stelle bei Bernart de Ventadorn: *Domna, pensem del enginhar lauzengiers, cui Dieus contranha; que tan cum hom lor pot emblar de joi, aitan se gazanha* (*Estat ai cum hom*, Mahn I, 43).

Beispiele für *prendre joi* s. weiter unten S. 108, 113; *recebre joi* s. S. 113.

Oefter finden sich *atendre, esperar joi*. Peirol: *Amors mi fai sofrir aquel turmen don eu tan ric joi aten* (*Cora qu'amors volha*, Bartsch 140, 10). — Peire Vidal: *Cilh qu'es orgolhoz' e gaja vas mi, e de mal qu'en traja no·lh cal — — —, ni de leis nulh joi non aten* (*Amor pres sui*, Bartsch Ausg. 42). — Uc de Saint Circ: *Que farai eu cui capdella e guia la vostr' amors e·m fug e·m sec e·m pren? Que farai eu qu'autre joi non aten?* (*Tres enemics*, Bartsch 158, 24). — Bernart de Ventadorn: *Lo vers es fis e naturaus, e bos selui qui ben l'enten, e meiller me que·l joy aten. Bernartz del Ventadorn l'enten e·l dits e·l fay el joy aten* (Geleit des Liedes *Chantars no pot*, Mahn I, 34). — Raimbaut de Vaqueiras: *E sui volpils, quar no l'aus enquerer* [scil.: *la domna*], *e trop arditz, quar tan ric joi esper* (*Savis e folhs*, Mahn I, 367). — Bertran de Born: *S'abrils e fuolhas e flors e·lh belh maitin e·lh clar ser del*[1]) *ric joi cui eu esper no m'ajudon et amors — — —, tart m'en venra gauzimens* (Liedan-fang, Stimming 206). — Statt *esperar joi* findet sich auch die Wendung *aver son esper en joi*. Arnaut de Maroill: *En joy ai mon esper, fin cor e ferm voler; e joy no·m puesc aver, domna, tro qu'a vos playa* (*Ses joy non es valors*, Mahn I, 167).

Den Verlust des durch *joi* bezeichneten Besitzthums drückt die Verbindung dieses Wortes mit *perdre* aus. Bernart de Ventadorn: *Qu'ieu pert, per falsa lauz humana, tal joy de fin' amor certana* (*Ja mos chantars*, Mahn I, 29)[2]).

Als das Gegenstück zu der Verbindung von *joi* mit den ge-nannten Verben, deren Subjekt der Dichter ist, stellt sich die Verbindung unseres Wortes mit gewissen Verben dar, deren Subjekt die vom Dichter besungene Frau ist. Bei der Ver-bindung mit jenen Verben erscheint die Freude als ein Gut, das der Dichter besitzt oder erstrebt, bei der Verbindung mit diesen als ein Gut, dessen die Frau den Dichter theilhaftig macht.

---

1) So, mit UV, oder *d'un*, mit ABDJK, ist zu lesen. Erkläre : Wenn April, Blumen und Blätter mir nicht hinsichtlich (zur Erlangung) der er-hofften Freude helfen, so wird Liebesgenuss mir spät zu Theil werden. Das vom Hg. in den Text gesetzte, von einigen Hdd. gebotene *elh* (*e·lh*) gibt einen ganz unpassenden Sinn.

2) Beiläufig sei hier auf die eigenthümliche Erscheinung hingewiesen, dass (soweit meine Kenntniss reicht) unser Wort nie mit dem Verbum *sentir* verbunden wird, während es doch z. B. heisst *sentir dolor* (s. Rayn. Lex. V, 198, s. v. *Sen.*). Vielleicht hängt die Erscheinung mit der vielfach hervortretenden Neigung unseres Wortes zu objectiver Begriffsfärbung (s. S. 120) zusammen.

Häufig ist die Wendung *dar*, bezw. *donar joi*, welche die Anschauung ausspricht, dass die Freude eine Gabe, ein Geschenk der Frau ist. Raimbaut d'Aurenga: *Domna, ja mais esparvier no port ni cas ab cerena, s'anc, pueys que·m det z joi entier, fuy de nulh' autra enquistaire* (Tenzone mit der Gräfin Beatrix von Dia: *Amicx ab gran cossirier*, Mahn I, 85). — Mit passivischer Konstruction Blacasset: *E ja de vos joys plazens dat z no·m sia, bona dompna, s'ieu d'autra lo prendia* (Si·m fai amors, Rayn. III, 460). — Peire Raimon de Toloza: *Qu'en tot lo mon non es mais nulha res que ja, ses lieis, mi pogues joy donar* (Si cum seluy, Mahn I, 136). — Uc de Saint Circ: *Autra el mon non es que·m dones joi per nulh be que·m fezes* (Tres enemics, Bartsch 159, 22). — Anstatt der Geliebten erscheint zuweilen die Liebe selbst als Geberin. Graf Wilhelm von Poitou: *D'amor non dei dire mas be, quar no·n[1]) ai ni petit ni re, quar ben leu plus no m'en cove; pero leumens dona gran joi, qui be·n[2]) mante los aizimens* (Pus vezem, Holland 30).

Hierher gehört auch die ziemlich häufig begegnende Wendung *aduire joi* »Freude bringen«. Guillem de Cabestaing: *Qu'aissi·m sui ses totz cutz de cor a vos rendutz qu'autra joi no m'adutz* (Li dous consire, Bartsch 75,20). Als Subjekt erscheint auch hier zuweilen nicht die Geliebte, sondern die Liebe. Arnaut de Maroill: *Ses joy non es valors, ni ses valors honors; quar joy adutz amors, et amor domna guaya, e gayeza solatz, e solatz cortezia* (Liedanfang, Mahn I, 167). Ebenso bei Peirol, nur mit dem Unterschiede, dass der Begriff der Liebe durch einen (mit *so que* eingeleiteten) Relativsatz umschrieben wird: *Guardatz cossi·m vai e cossi m'estai: so que·m sol aucire, m'adutz joy veray* (Ab [En] joy que·m demora, Mahn II, 15).

Auch *prometre joi* findet sich; mit dem Subjekt *amors* bei Folquet de Marselha: *E fin' amors m'aleuza mon martire, que·m promet joy* (Tan m'abellis, Mahn I, 328).

In diesen Wendungen wird, wie wir gesehen haben, dem Gedanken Ausdruck gegeben, dass die Frau die Spenderin des Gutes ist, das die Troubadours mit *joi* bezeichnen. Auf Grund der Anschauung nun, dass die Frau die Quelle und zwar, wie

---

1) Hg. *non*.
2) So wohl zu lesen anstatt des *be* des Textes.

mehrfach ausgesprochen wird [1]), die alleinige Quelle jenes Gutes ist, geht dichterische Redeweise sogar so weit, den Satz aufzustellen: die Frau ist Freude, d. h. stellt in sich verkörpert die Freude dar, deren Strahlen alle, mögen sie auch noch so zerstreut sein, doch hier allein ihren Sammelpunkt haben: die Frau ist der Sonne ähnlich, die nicht nur Licht spendet, sondern auch Licht ist. So äussert sich Bernart de Ventadorn in einer Strophe, welche die mannichfaltigen und doch auf jene Eine Urquelle zurückgehenden Formen des den Sänger bewegenden Gefühls schön zur Anschauung bringt, folgendermaassen: *Quant erba vertz e fuelha par, e'l flor brotonon per verjan, e'l rossinhols autet e clar leva sa votz e mou son chan : j o y ai de luy e j o y ai de la flor ; j o y ai de me, e de midons major: vas totas partz sui de j o y claus e seinhs, mas i l h* [scil.: *midons*] *e s j o y s que totz los autres vens* (Liedanfang, Mahn I, 11) [2]). An einer anderen Stelle bedient sich derselbe Dichter einer Ausdrucksweise, die, wenn auch im wesentlichen der soeben besprochenen gleichartig, doch durch Hinzufügung des Pronomen possessivum der I. Person zu joi ein besonderes Aussehen gewonnen hat: *Domna, vostr' om sui e serai, al vostre servizi guarnitz — — —; e vos etz lo m e u s j o i s p r e m i e r s, e s i s e r e t z vos l o d e r r i e r s* (*Pel dols chant*, Mahn I, 21) [3]).

In Uebereinstimmung mit dieser Auffassungsweise, welche

---

[1]) So von Bertran de Born in einer früher schon (S.106) hervorgehobenen Stelle: *Nol ha joi, qui de lei no'l te.*

[2]) Erwähnenswerth ist die bildliche Wendung: *Totz joys li* [scil.: *a la domna*] *deu humiliar* »alle Freude muss sich demüthig vor ihr neigen«, die sich dadurch erklärt, dass eben auch die Frau als Freude und zwar als die grösste, alle andern übertreffende Freude aufgefasst wird (Graf von Poitou: *Mout jauzens*, Holland 25).

[3]) Raynouard (Lexique Roman Bd. III, S. 444; s. v. Gauch Nr. 16) fasst hier *joi* als »Glück« auf; er übersetzt: *Vous êtes le mien premier bonheur et aussi vous serez le dernier.* Ebensogut könnte man es aber auch als »Liebe« auffassen, und unserer Anschauung würde die Uebersetzung: »Ihr seid meine erste Liebe und werdet auch die letzte sein« wohl am besten entsprechen. Die Bedeutung von *joi* schwankt in der That zuweilen zwischen diesen drei Begriffen: Freude, Glück, Liebe in einer Weise, dass die Entscheidung darüber, wie es am genauesten wiederzugeben sei, schwer fällt. Vielleicht kommt man der Wahrheit am nächsten, wenn man für diese und ähnliche Stellen annimmt, dass im Begriff von *joi* die drei Elemente der Freude, des Glückes und der Liebe, mit Vorwalten bald des einen, bald des andern, zu einer Einheit verschmolzen sind.

die Frau selbst als Freude erscheinen lässt, steht es, dass *joi*, meist in Verbindung mit dem Pronomen possessivum der I. Person, zuweilen auch noch mit Adjektiven, als Versteckname für die vom Dichter besungene Frau vorkommt. Wir finden diesen Gebrauch des Wortes bei Be r n a r t d e V e n t a d o r n, demselben, bei dem, wie vorhin erwähnt, die (durch das Hülfsverb *esser* erfolgende) Gleichstellung von »Frau« und »Freude« mehrmals zu beobachten ist. Mit *M o n J o y* bezeichnet derselbe eine Geliebte, in der Suchier eine Vizgräfin von Ventadorn vermuthet[1]), in der folgenden Stelle: *M o n J o y coman al Veray Glorios — — —*; *qu'en Monruelh comensa ma chansos, et en M o n J o i, de cui ieu sui, fenis* (*Bels Monruels*, Mahn I, 18). In einem anderen Liede gebraucht dieser Dichter den Versteicknamen *Mon Fin Joy Natu ral*, der sich wahrscheinlich auf dieselbe Frau bezieht, die er in der soeben angeführten Stelle mit *Mon Joy* bezeichnet: *Las, e viures que·m val, s'ieu non vey a jornal Mon Fin Joy Natural en lieit, al fenestral, blanc' e fresc' atretal cum par neus a nadal* (*Lo gens temps de pascor*, Mahn I, 13)[2]). — Der Versteckname *Fis Joys* findet sich in folgender Stelle: *Fis Joys, ges no·us puesc oblidar, ans vos am e·us vuelh e·us tenh car, car m'ets de belha companha* (*Estat ai cum hom*, Mahn I, 44)[3]).

Wir haben aus den bisher besprochenen Ausdrücken ersehen, dass *joy* in der Anschauung der Troubadours ein seelisches Gut bezeichnet, dessen Empfänger der Dichter, dessen Spenderin die Frau ist. Richten wir nun unser Augenmerk darauf, wie die Beschaffenheit dieses Gutes von der Sprache ausgedrückt wird. Der durch unser Wort bezeichnete Begriff umfasst eine grosse Zahl von Abstufungen und Schattierungen, und die Sprache der Troubadours ist reich an, meist durch Adjectiva

---

1) Jahrbuch XIV, 126.

2) Raynouard und, ihm folgend, Mahn drucken hier *joi* nebst den dazu gehörigen Attributen mit kleinem Anfangsbuchstaben, was nicht zu billigen ist.

3) Eigenthümlich ist der Ausdruck *sos joys* bei J a u f r e R u d e l: *Totz los vezis apel senhors del renh on s o s j o y s fos noyritz* (*Pro ai del chan*, Mahn 1, 62). Hier wird *sos joys* aufzufassen sein als »elha, qu'es joys«; über eine solche Ausdrucksweise sehe man Tobler in der Ztschr. f. rom. Phil. XII, 435 (vgl. z. B. port. *seu medroso* = Sie Hasenfuss). Statt *fos* ist übrigens an jener Stelle mit Rochegude (P. O. S. 21) und P. Meyer (Recueil 77) *fo* zu lesen.

vermittelten Bezeichnungen für dieselben — Bezeichnungen, welche zum grossen Theil dieser Poesie eigenthümlich sind und mit dazu beitragen, dem Stil der Troubadours jenes originelle Gepräge zu verleihen, das wir an ihm bemerken[1]).

Am wenigsten eigenthümlich sind eine Reihe von Ausdrücken, welche sich auf die Grösse der Freude beziehen. In unbestimmter Weise wird dieselbe durch das Pronomen *alcun* bezeichnet: *alcun joi* ist irgend eine Freude, wie gross oder wie gering sie immer sein möge. So in der schon früher (S. 106) genannten Stelle, von Jaufre Rudel: *Aitant n'ai fin talan corau, al res no y a mais del murir, s'alqun joy non ai en breumen* (Mahn I, 62). — Eine geringe Grösse der Freude bezeichnet der Ausdruck *un pauc de joi.* Bernart de Ventadorn: *A, com m'an mort fals amador truan, que per un pauc de joi se fan trop guays, e quar ades tot lur voler non an, els van dizen qu'amors torn en biais* (*Quan la fuelha sobre l'arbre s'espan*, Mahn I, 39, auch G. Faidit zugeschrieben, s. Bischoff's Biographie S. 67). — »*Jois petitz*« steht in einem Liede Bernhards von Ventadorn (*Pel dols chant*, Mahn I, 21). — Im Sinne von »mehr Freude« findet sich sowohl *plus de joi*, so Bernart de Ventadorn: *Pois l'auzel chanton a lur for, ieu qu'ai plus de joy en mon cor deg ben chantar* (*Quan par la flors*, Mahn I, 19), als auch *mais de joi*, so Jaufre Rudel: *Belhs m'es l'estius e·l temps floritz, quan l'auzel chanton sotz la flor ; mas ieu tenc l'ivern per gensor, quar mais de joy mi es cobitz* (Liedanfang, Mahn I, 63). — In einem Liebesbriefe schildert Arnaut de Maroill die Liebesfreude, der er sich in Gedanken mit seiner Geliebten hingiebt und fügt hinzu, dass die Liebesfreude, von der in Romanen erzählt werde, nicht der Hälfte der seinigen gleichkomme: *E Rodocesta ni Biblis, Blancaflors ni Semiramis — — — non agro la meitat de joi ni d'alegrier ab lor amis cum eu ab vos, so m'es avis* (*Domna genser*, Bartsch 97, 34). — Auch von Verdoppelung der Freude reden die Dichter. Peirol: *Quant hom troba merce, dobla l'alegransa e·l joi e·l benanansa a cel cui esdeve* (*Pos de mon joy*, Mahn II, 27).

---

1) Die letztere Bemerkung gilt natürlich nicht für den Fall, dass man die Beziehungen der einzelnen Troubadours unter einander ins Auge fasst, sondern für den Fall, dass man die dichterischen Leistungen der Troubadours, als einer Gesammtheit, mit den Erzeugnissen fremder Dichtkunst vergleicht.

Sehr häufig ist der Ausdruck *gran joi*. Guiraut de Borneil. *Ar ai gran joy, quant remembri l'amor, que ten mon cor ferm en sa fezeutat; que l'autrier vinc en un vergier de flor tot gent cubert ab chan d'auzels mesclat; e quant estei en aquels bels jardis, lai m'aparec la bella flors de lis e pres mos huels e sazic mon coratge, si que anc pueis remembransa ni sen non aic mas quant de lieys, en cui m'enten* (Liedanfang, Mahn I, 184). — Guillem de Cabestaing: *Per bon respieit en que·m mandetz tener mout ai gran joy (Lo jorn quie·us vi,* Mahn I, 109). — Graf Wilhelm von Poitou: *Pero leumens dona [scil. l'amors] gran joi qui be·n mante los aizimens (Pus vezem,* s. oben S. 108). — Bernart de Ventadorn: *El mon non es mas una res (scil. la domna] per qu'ieu gran joy pogues aver (Bels m'es qu'ieu chant,* Mahn I, 42). — Derselbe: *Tal n'y a que an mais d'orguelh, quan grans jois ni grans bes lor ve; mas ieu sui de melhor escuelh e pus francs, quan Deus mi fai be (Quan par la flors,* Mahn I, 19). — Gaucelm Faidit: *E conosc en mon coratge qu'ai perdut est au, que non aic joi gran ni re que·m vengues a talan (Lo rossinholet,* Bartsch 143, 19). — Peire Vidal: *E si merces ab leis me valgues tan qu'ela·m volgues lo seu bel cors estendre — — —; e si·l plagues que pres de si m'aizis: be·m tenc per seu, mas melhs m'agra conquis e feira·m ric e de gran joi jauzire (Per melhs sofrir,* Ausg. von Bartsch S. 78).

Fassen wir die soeben angeführten Beispiele in's Auge, um festzustellen, was für eine Art der Freude hier durch *joi* ausgedrückt wird, so ergiebt sich, dass in dieser Beziehung eine zwiefache Verwendung unseres Wortes vorkommt. Einerseits nämlich bezeichnet es eine rein seelische Freude, eine Freude, zu deren Erweckung ein Blick, ein Lächeln der Geliebten genügt, die sich von liebendem Gedenken und von Hoffen nährt. In diesem Sinne findet sich sehr häufig *joi* allein, ebenso aber auch verbunden mit dem Adjectivum *gran*, so unter den oben angeführten Stellen bei Guiraut de Borneil.

Andrerseits wird *joi* in dem Sinne gebraucht, dass darunter eine ganz oder doch vorwiegend sinnliche Liebesfreude zu verstehen ist, eine Freude, die zu ihrer Erweckung des sinnlichen Genusses bedarf bezw. mit demselben zusammen fällt [1]. In diesem

---

[1] Insofern hat Stimming Recht, wenn er im Glossar zu B. de Born s. v. *Joi* als Bedeutung des Wortes auch »Genuss« angibt, obwohl das eigent-

Sinne wird nicht selten das einfache *joi* gebraucht. So in einer Tenzone zwischen Peirol und Gaucelm, über eine Frage mittelalterlicher Erotik, die hier nicht wiedergegeben werden kann: *E qui receup son joi breumen, enanz que·l jorns repaire, lo* (Hg. *le*) *brieus jois, don es laire, li dura pueissas longamen* (*Gauselmz digas*, Mahn II, 33) [1]. — Ebenso 2 Mal in einer Tenzone zwischen dem Grafen von Bretagne und Gaucelm: *Et si·l drutz vai son joi tardan, pos sa domna l'en vol aizir, no·m par n'aia volontat gran;* — — — (zwei Strophen weiter) *adoncs a om son joi conquis* (*Jauseume quel vos est semblant*, Suchier Denkmäler I, S. 326).

Wie also das einfache *joi*, so wird auch in der Verbindung mit *gran* unser Wort in der angedeuteten sinnlichen Bedeutung gebraucht, so, unter den vorhin angeführten Beispielen, bei Peire Vidal (*Per melhs sofrir*).

Diese sinnliche Freude wird also, wie wir gesehen haben, als grosse Freude oder als Freude schlechthin bezeichnet; noch öfter aber wird sie als die grösste Freude hingestellt, als eine solche, mit der keine andere sich messen kann, die am meisten gefällt und die daher auch am meisten begehrt wird. Dieser Gedanke wird durch den Zusatz eines Adjectivs oder eines Relativsatzes, oder auch wol durch einen Hauptsatz ausgedrückt. Der erste Fall liegt vor in derselben Tenzone zwischen dem Grafen von Bretagne und Gaucelm, die soeben schon angeführt worden ist: *Dic que druds deu son joi major penre al comensar sens paor, e puois lo baisar e·l tener.* Den zweiten mögen folgende Beispiele vertreten. Arnaut de Maroill: *Plus fora ricx de totz entendedors, si ieu agues lo joi que plus volria* (*L'ensenhamentz e·l pretz*, Mahn I, 164). — Guillem de Saint Leidier: *depuois qu'anc la vic, voill sas honors e son pretz car tener; si fas d'aitan c'autra non a poder que·m*

---

liche Wort für diesen Begriff *jauzimen* ist. Aber von den zwei daselbst angeführten Stellen ist jedenfalls die zweite (aus: *Senher en coms*, vgl. oben S. 103) zu streichen: das dort vorkommende *joi d'amor* darf mit nichts anderem als »Liebesfreude« wiedergegeben werden.

1) Während hier in dem Satze »*qui receup son joi breumen*« *joi* die vorwiegend sinnliche Freude bezeichnet, vereinigt es gleich darauf in dem Satze »*lo brieus jois li dura pueissas longamen*« beide Arten der Bedeutung, von denen hier die Rede ist, denn in der Verbindung mit *brieus* liegt die sinnliche, in der Verbindung mit *dura* die nicht sinnliche Bedeutung vor.

don sel joi qu'anc plus fort m'abellic (Estat aurai, Mahn II,
49 [1]). — In einer Tenzone zwischen dem **Delphin von Auvergne** und **Peirol** thut letzterer den Ausspruch: *Dalfin, ben
sai e conos qu'om, pois ama finamen, mor ades tro que'l joi pren
don plus es coitos (Dalfin sabriatz,* Mahn II, 34 *).* — Ein Beispiel endlich für den dritten Fall liegt vor in einer Tenzone
zwischen einem **Grafen** uud **Guiraudo lo Ros**, worin der
letztere den Vorrang der sinnlichen Liebesfreude vor jeder anderen verficht: *Car a cel joi non pren negun egansa, qui
ab si donz pot tota nuoit jazer, ni ges non vuoill*[2]*) aver gaus ni
plazer qui contra so fai nuilla detriansa (En Giraldon,* Suchier
Denkmäler I, S. 334).

Eigenthümlicher als die bisher erwähnten Ausdrücke sind
diejenigen, zu denen ich nunmehr übergehe. Unter ihnen stelle
ich zwei voran, die sich auf den Umfang der Freude beziehen,
wie die vorhin besprochenen (*gran joi* u. s. w.) auf die Grösse
derselben. Es sind die Ausdrücke *joi entier* »ganze Freude«
und *joi complit* »volle oder vollständige Freude«. Beide drücken
den Sinn aus, dass bei der Freude, von der die Rede ist, nichts
von allem dem fehlt, was zum Bereich der Freude gehört; dass
also die betreffende Freude nicht auf die geringeren und niede-
ren Grade der Freude beschränkt ist, sondern ausser ihnen auch
die höheren und höchsten (und zwar, so werden wir wohl zu
erklären haben, diese vorzugsweise) umfasst. Der mehr oder
weniger hohe Grad der Freude richtet sich aber nach dem Grade
der Gunst und der Gunstbezeigung, welche die Frau dem Sänger
zu Theil werden lässt. Es kann zwar vorkommen, dass der
Sänger der Freude auch dann theilhaftig ist, wenn das Liebesverhältniss ein ganz einseitiges ist, wenn die Frau von den Ge-
fühlen ihres Verehrers nicht einmal Kenntniss hat und demselben keinerlei Gunsterweisungen spendet, sodass dieser darauf
beschränkt bleibt, sich an ihrem Anblick oder an eingebildeten
Gunsterweisungen zu weiden[3]). Indessen tritt eine solche An-

---

1) Mit demselben, aber nur angedeuteten Sinn, ohne *joi*, in der schon
mehrfach angeführten Tenzone zwischen dem **Grafen von Bretagne**
und **Gaucelm**: *cant pren so que plus l'abelis*.

2) So wohl (als 1. Sg. Ind.) zu lesen; Hg.: *vuoill'*.

3) Dieser bescheidenen Auffassung der Stellung des Liebenden gibt
ein Lied **Peire Rogier's** (*Per far esbaudir*, ed. Appel S. 45) Ausdruck,
worin sich die Stellen finden: *De midons ai lo guap e'l ris, e suy fols, si plus*

schauungsweise doch nur sehr vereinzelt auf, und die vorherrschende Ansicht der Dichter geht jedenfalls dahin, dass der mehr oder minder hohe Grad der Freude von der mehr oder minder hohen(und zwar wirklichen, nicht bloss eingebildeten) Gunst bezw. Gunsterweisung der Frau abhängig ist. So entspricht also der höchsten Gunsterweisung der Frau auch die höchste oder grösste Freude ihres Sängers (*lo joi major*, s. oben S. 113), und die Freude des Liebenden ist erst dann ganz (*»entier«*) oder voll (*»complit«*), wenn zu den geringeren Gunsterweisungen [1]) jene höchste hinzutritt.

Folgende Beispiele mögen als Belege dienen. In einer Tenzone zwischen der Gräfin Beatrix von Dia und dem Grafen Raimbaut d'Aurenga sagt der letztere: *Domna, jamais esparvier no port ni cas ab cerena, s'anc pueys que·m detz joi entier fuy de nulh' autra enquistaire* (*Amicx ab gran cossirier*, Mahn I, 85). — In einer Tenzone mit Blacatz spricht sich Guillem de Saint Gregori folgendermassen aus: *Qu'ieu vueill mais d'un vergier traire mais doutz fruit que fueilla ni flor* — — — — *e mais d'amor aver jase fin joi complit de plazer ple que ses trobar anar cercan* (*Senher Blacatz de domna pro*, Mahn II. 140). — Als prädicative Bestimmung wird *complit* unserem Worte beigesellt in einer Tenzone zwischen Uc de la Bacalaria und Bertran de Saint Felitz, welcher letztere dasjenige Liebesglück, das einem von der Frau selbst angeboten wird und das man daher rasch und mühelos gewinnt, demjenigen vorzieht, das man erst durch mühevolles und unsicheres Streben erringen muss: *N'Ugo, lo mieus jois es complitz, ses temer de lausenjador; e vos remanetz en error, qu'ieu teing e vos analz musan* (*Digatz Bertrans*, Raynouard IV, 32) [2]).

---

li deman, ans dey aver gran joy d'ailan; und weiterhin: *Sos drutz suy et ab lieys dompney totz celatz e cubertz e quetz; qu'ilh no sap lay lo ben que·m fai ni cum ai per lieys joy e pretz.*

1) Solche sind unter den *»plazers menors«* zu verstehen, von denen Peirol an einer früher schon (S. 104) angeführten Stelle spricht und mit denen er sich zunächst wenigstens begnügen zu wollen erklärt. — Die Troubadours stellen überhaupt das Liebesverhältniss zwischen Dichter und Frau gern als stufenweise fortschreitend dar. Die höchste Stufe ist mit Spendung der höchsten Gunstbezeigung von Seiten der Frau erreicht. So Arnaut de Maroill: *s'ieu sui el gra aussor, sia mi perdonat* (*Aissi cum*, Mahn I, 173).

2) Mit *joi complit* ist zu vergleichen der Ausdruck *amor complida*.

Ein häufig vorkommendes Beiwort zu *joi* ist *fin*. Dies Adjectiv, abgeleitet von *finire* vollenden, bedeutet dementsprechend vollendet oder vollkommen, und zwar vollkommen in dem Sinne, dass alles beseitigt und ausgeschlossen ist, was der Idee oder der Natur des betreffenden Gegenstandes nicht entspricht; hieraus unmittelbar die Bedeutung »lauter« oder »ächt«. Sehr häufig so bei Substantiven, welche Gemüthsbewegungen oder geistige Zustände bezeichnen; *fis jois* bedeutet also lautere, ächte Freude, aus der alles, was dem Wesen und dem Begriff der Freude nicht entspricht, ausgeschieden ist, die keinerlei Mischung mit irgend etwas ungleichartigem aufweist.

Peire Raimon de Toloza: *Far pogra saber que ieu plus fin joy esper que nulhs natz de maire* (*Pessamen ai e cossir*, Mahn I, 144). — Arnaut de Maroill: *E si trobatz en me nulha falsura, ja'l vostre cors plazens, que'm fai languir, no'm fassa mais de fin joy mantenensa* (*A gran honor viu*, Mahn I, 157). — Derselbe: *Belha domna, si'us platz, vuelh vostre pretz retraire, si qu'ab fin joi s'esclaire per vos ma voluntatz* (*Ses joy non es valors*, Mahn I, 168). — Peire Vidal: *De fin joi sui coronatz sobre tot emperador, quar de filha de comtor me sui tant enamoratz* (*De chantar m'era laissatz*, Bartsch Ausg. 24). — Derselbe: *Qu'om no sap tan dous repaire cum de Rozer tro qu'a Vensa, si cum clau mars e Durensa, ni on tan fis jois s'esclaire* (*Ab l'alen tir*, ebenda 35). — Derselbe: *Qu'us fis jois me capdel' e'm nais, que'm te janzent en gran donssor e'm sojorn' en fin' amistat de leis qui plus mi ven en grat* (*Per pauc de chantar*, ebenda 45).

Auch mit andern Adjectiven ähnlicher Bedeutung wird das als Beiwort zu *joi* dienende *fin* verbunden. So mit *complit* »vollständig«, das in der Bedeutung sich nahe mit *fin* berührt, denn dies ist ja in seiner Bedeutungsentwickelung von der Idee der Vollkommenheit ausgegangen. Ein Beispiel für *fin joi complit* ist schon oben (S. 145) aus der Tenzone zwischen Blacatz und Guillem de Saint Gregori angeführt worden.

---

der, ähnlich wie jener, diejenige Liebe bezeichnet, welche bis zur höchsten Gunstbezeigung vorschreitet und dieselbe mit einschliesst. So zu Anfang einer Tenzone zwischen Blacatz und Raimbaut, wo der erstere den Streitgegenstand in folgender Weise vorträgt: *En Raymbautz, ses saben vos fara pros domn' amor complida, o per vostr' honor fara cuidar a la gen, ses plus, qu'ill es vostra druda* (Raynouard IV, 35).

Oben habe ich die Bedeutung von *fin* dahin festgestellt, dass es denjenigen Grad von Vollkommenheit bezeichnet, der alles der Natur des Gegenstandes widerstrebende ausschliesst; es ist also synonym mit *natural* d. h. »der Natur entsprechend, natürlich«, daher auch »wahr«[1]), und auch diesem Adjektiv finden wir *fin*, in Beziehung auf *joi*, beigesellt: *fin joi natural* bedeutet also lautere, wahre Freude. Wir finden den Ausdruck bei Peire Rogier: *Qu'amors me capdelh' e·m te mon cor en fin joy natural (Tan no plou*, Appel 44). Ferner in einer früher schon (S. 110) erwähnten Stelle, wo diese Bezeichnung als Versteckname für die besungene Frau dient.

Und wie mit *natural* »natürlich« oder »wahr«, so wird *fin* auch mit demjenigen Adjektiv zusammengestellt, welches seiner eigentlichen Bestimmung nach zum Ausdruck des Begriffes »wahr« dient: *verai*. So bei Peire Raimon de Toloza: *Benanansa e fin joi verai aic ieu de midons al partir (Us novels pessamens*, Mahn I, 144).

Ziemlich häufig wird *verai* allein mit *joi* verbunden. Bernart de Ventadorn: *Adoncx m'atrai qu'ieu aja jauzimen d'un joy verai, en que mon cor s'aten (Bels m'es qu'ieu chant*, Mahn I, 44). — Raimbaut d'Aurenga: *Quan mi soven, domna genta, com era nostre jois verais, tro lauzengiers crois e savais nos longeran ab lor fals brais (Entre gel e vent;* Mahn I, 81). — Peirol: *Guardatz cossi·m vai e cossi m'estai: so que·m sol aucire m'adutz joy veray (Ab[En] joi que·m demora,* Mahn II, 15).

Wie mit *verai*, so findet sich, wenn auch seltener, *joi* mit *verladier* »wahrhaft« verbunden. Peirol: *Pos de mon joy verladier se fan aitan volentier devinador e parlier enoios e lauzengier etc.* (Liedanfang, Mahn II, 26).

Am eigenthümlichsten sind die Ausdrücke, zu denen ich nunmehr übergehe. Sie bestehen in der Verbindung von *joi* mit Adjektiven, die eine Werthschätzung enthalten oder sich auf den Ehrbegriff beziehen.

Zunächst *ric* »reich«. Dies Adjektiv wird nicht bloss auf Personen bezogen, sondern auch auf Sachen; häufig wird es mit Wörtern gebraucht, die »Gabe« oder »Geschenk« bedeuten, wo-

---

1) Vgl. Raynouard (Lex. Rom. IV, 303, s. v. *Natura*), der auch bereits das Beispiel aus Peire Rogier anführt.

bei *ric* den Begriff »werthvoll« ausdrückt[1]). Da nun aber, wie
wir oben gesehen haben, die Liebesfreude als ein Geschenk der
Frau angesehen wurde, so konnte *ric* auch als Beiwort zu *joi*
treten, und in der That ist *ric joi* in der Sprache der Troubadours ein sehr häufiger Ausdruck. Wie man also *ric don*
»reiches Geschenk« sagt[2]), ganz in derselben Weise heisst es
ric joi. So Bernart de Ventadorn: *Ja mos chantars no m'er
honors encontra'l ric joi qu'ai conques* (Liedanfang, Mahn I, 28).
— Peire Raimon de Toloza: *Que si me valgues amors tan que
m'entendensa midons abelis, plus ric joy que paradis agra a ma
parvensa* (*Pessamen ai e cossir*, Mahn I, 142). — Guillem de
Saint Leidier: *L'amor se sojorn' e s'esdui; e si re li torn' en
biais ni aprop lo be ven l'esmais, lo rics jois qu'es vengutz premiers sobrevens l'ir' e vai falsan* (Domna, ieu vos sui messatgiers,
Mahn II, 43). — Peirol: *Donc dirai qu'amors mi fai sofrir aquel
turmen don eu tan ric joi aten* (*Cora qu'amors*, Bartsch 140, 10).
— Bertran de Born in einem früher schon angeführten
Liedanfang: *S'abrils e fuolhas e flors e'lh belh maitin e'lh clar
ser del ric joi cui eu esper no m'ajudon et amors, — — — tart
m'en venra gauzimens* (s. oben S. 107).

Ein mit *ric* (in der Beziehung auf Sachen) sinnverwandtes
Adjektiv ist *valen* »werthvoll«; auch dies findet sich als Beiwort zu *joi*. So bezeichnet Guillem de Saint Leidier die
von ihm erstrebte höchste Gunst der Geliebten als »lo *ric joi
valen sobeiran* don ren mas lo desir non ai« (*Bel m'es oimais*,
Mahn II, 46).

Hier sehen wir dem Adjektiv *valen* ausser dem unmittelbar
sinnbenachbarten *ric* noch *sobeiran* beigesellt, d. h. hervor-
ragend oder vorzüglich. *Joi sobeiran* bedeutet eine dem Grade
oder Range nach über andere, minderwerthige, hervorragende
Freude, hier diejenige, die sonst auch als grösste Freude (*lo joi
major*, s. oben S. 113) bezeichnet wird.

Die genannten Adjektiva der Werthschätzung stehen dem
Ehrbegriff nahe; aber auch dieser selbst ist unter den Bei-

---

1) Aus »reich« hat sich diese Bedeutung durch den Mittelbegriff »be-
reichernd« entwickelt.

2) Z. B., in Bezug auf die Liebe, in der schon oben (S. 115) angeführten Tenzone zwischen Uc de la Bacalaria und Bertran de Saint
Felitz: *Vos que avetz de prelar maestria voill que preietz, car foudatz sem-
blaria qu'ieu soanes tan ric don ni tan gran.*

wörtern vertreten, die von den provenzalischen Dichtern dem Substantiv *joi* beigesellt werden: es ist *onrat* »geehrt« oder (in unserem Falle) »ehrenvoll«. *Onrat joi* »ehrenvolle Freude« ist eine solche, welche die Frau ihrem Sänger spendet, um ihn für treuen Dienst zu belohnen und zugleich zu ehren. Denn wenn, wie schon mehrfach bemerkt, die Liebesfreude von den Troubadours im allgemeinen als eine von der Frau gespendete Gabe aufgefasst wird, so gilt diese Gabe im besonderen als eine Ehrengabe; und das lockende Ziel, das dem Sänger am Ende der Liebeslaufbahn winkt, besteht keineswegs im blossen sinnlichen Genuss, sondern in einem solchen, an dem befriedigter Ehrgeiz mindestens den gleichen Antheil hat wie Sinnenlust. So sagt Arnaut de Maroill, indem er seine Herrin um die Ehre der höchsten Gunstbezeigung bittet: *E si·us adui merces que·m fassatz tan d'amor, a lei d'amant amat! Ai, dolsa, franca res, ar ai dig gran folhor, quar mi pres ardimens qu'ie·us quezes tan d'onor; mas a fin amador deu venir jauzimens de ric joy e d'onrat* (*Aissi cum mos cors*, Mahn I, 173). Aehnlichen Sinn hat »onrat joi« in einem Liede von Blacasset (*Si·m fai amors*, Raynouard III, 460)[1]) sowie (zwei Mal) in einer Tenzone zwischen Guiraut Riquier und Grainier (Selbach, Das Streitgedicht 104).

Nachdem bisher hauptsächlich von Verbindungen unseres Wortes mit Verben und Adjektiven die Rede gewesen ist, fassen wir nun mehr den durch *joi* bezeichneten Begriff selbst näher in's Auge. Dabei stellt sich bald heraus, dass der eigentliche und ursprüngliche Begriff des Wortes, nämlich der eines Ge-

---

1) Schon erwähnt in des Verfassers Abhandlung: Die Ehre in den Liedern der Troubadours (Leipzig 1887) S. 44. Ebendort sind auch bereits Bemerkungen über den Zusammenhang zwischen Liebesfreude und Ehre bei den Troubadours gemacht worden. — Als Beleg für die Anschauung der Dichter, dass die Liebesfreude zugleich auch Ehre ist, diene hier noch eine (ebendort S. 29 angeführte) Stelle von Blacatz: *Be·m tengra per honratz e per aventuros, s'aprop cent braus respos en fos d'un joy paguatz* (*Lo belh dous temps*; Raynouard III, 336). Als Subjekt, von dem die Spendung der Freude und Ehre ausgeht, erscheint nicht die Frau, sondern (was dem Sinne nach auf dasselbe hinauskommt) die Liebe selbst in einem Liede von Peirol: *Ab joi que·m demora vuelh un sonet faire, quar be·m vai a hora de tot mon afaire; fin' amors m'onora si qu'al mieu vejaire ja tan ricx no fora, si fos emperaire* (Liedanfang, Mahn II, 14).

fühls, eines seelischen Vorganges, der bei der Verwendung im allgemeinen Sinne (S. 100—102) entschieden der herrschende ist, hier, bei der Beziehung auf die Liebe, verhältnissmässig selten rein hervortritt. So z. B. **Bernart de Ventadorn**: *Aquest' umors me fier tan gen al cor d'una doussa sabor : cen vetz muer lo jorn de dolor, e reviu de joy autras cen* (*Non es meravelha*, Mahn I, 37). — **Peirol**: *Mas qui lieys ve ni sas plazens faissos, no·s pot tener de joy ni d'qlegratge* (*Be·m cujava*, Mahn II, 11).

In den meisten Fällen dagegen ist eine mehr oder minder entschieden hervortretende Mischung der ursprünglichen subjektiven Bedeutung mit einem objektiven Element zu bemerken, und zwar in der Weise, dass neben dem Gefühl bezw. anstatt desselben dasjenige begrifflich hervortritt, wodurch das Gefühl erregt wird, worauf es beruht; die Begriffsentwickelung ist also von der Wirkung zur Ursache fortgeschritten.

Diese Bedeutungsentwickelung im objektiven Sinne hat sich auf vierfache Weise geltend gemacht. Es hat sich ergeben:

1) die Bedeutung (Liebes-) **Glück**. Schon früher sind Wendungen besprochen worden wie *cobrar*, *conquerre joi* (S. 106 f.), in denen *joi*, wenn es auch mit »Glück« nicht zusammenfällt, so doch jedenfalls diesem Begriffe sehr nahe kommt. Wenn man daher in solchen Wendungen *joi* durch »Freude« wiedergiebt, so hat man sich dabei immer die hier vorliegende objektive Färbung des Begriffs vor Augen zu halten. Entschieden aber tritt dieselbe an anderen Stellen hervor, an denen eine Wiedergabe des Wortes durch »Freude« nicht mehr zulässig wäre. So in der Wendung *vanar son joi* »sich seines (Liebes-) Glückes rühmen«. **Peire Vidal**: *Per que·s fols qui·s vai vanan son joi, tro qu'om lo·i deman* (*La lauzet' e·l rossinhol*, Bartsch Ausg. 26). Was hier als thöricht bezeichnet wird, ist bei den Troubadours ziemlich häufig. So rühmt sein Liebesglück der **Graf von Poitou** in einer Stelle, die ich anführe, weil sie unser Wort in der uns hier beschäftigenden Bedeutung zeigt: *Aitals joys no pot par trobar; e qui be·l volria lauzar, d'un an no y poiria venir* (*Mout jauzens*, Holland 25).

Dasselbe findet sich zuweilen, wenn *joi* als Objekt von Verben erscheint, die ein Ausspähen u. dgl. bezeichnen. Anstatt des Verbs kann auch ein davon abgeleitetes Substantiv eintreten, welches eine die Thätigkeit ausübende Person bezeichnet, so *devinaire*, d. h. einer, der etwas zu errathen sucht oder ausspäht«[1]). So sagt Bernart de Ventadorn (Gaucelm Faidit?) von den falschen Liebenden, die den treu der Liebe ergebenen Schaden bringen: *E quar ades tot lur voler non an, els van dizen qu'amors torn en biays; e d'autrui joi se fan devinador, e quan son mort, volon autrui aucir* (*Quan la fuelha sobre l'albre s'espan*, Mahn I, 39). — Peirol: *Pos de mon joy vertadier se fan aitan volentier devinador e parlier enoios e lauzengier, segon la fazenda, coven qu'ieu m'entenda* (Liedanfang, Mahn II, 26). Aehnlich an zwei Stellen aus Bernart de Ventadorn, wo *joi* als Objekt zu *enquerer* »fragen, ausforschen« erscheint, denn gefragt wird nicht nach der Freude, sondern nach dem Grunde derselben. Die eine ist aus: *Ab joi mou lo vers: D'una ren m'aonda mos sens, qu'anc nulhs hom mon joi no m'enquis qu'ieu volentiers no l'en mentis* (Mahn I, 16); die andere aus: *Lonc temps a: El mon tan bon amic non ai, fraire ni cozin ni paren, si'm vai de mon joi enqueren, qu'ins en mon cor no l'azire* (Mahn I, 45).

Nicht selten sind Stellen, deren Konstruktion schon darauf hinweist, dass *joi* nicht ein Lustgefühl, sondern den Grund eines solchen bezeichnet; es sind Stellen, in denen *joi* mit der ein kausales Verhältniss anzeigenden Präposition *de* verbunden ist. So Bernart de Ventadorn: *Bels m'es qu'ieu chant en aisselh mes, quan flor e fuelha vei parer — — —; adoncx m'atrai, qu'ieu aja jauzimen d'un joy verai, en que mon cor s'aten* (Liedanfang, Mahn I, 44). — Aehnlich Arnaut de Maroill in einer früher (S. 119) erwähnten Stelle: *Mas a fin amador deu venir jauzimens de ric joy e donrat* (*Aissi cum mos cors*, Mahn I, 173).

Auch die Wendung *jauzir de joi* wird wohl hierher gerechnet werden können, obgleich das kausale Verhältniss hier nicht so klar ist, wie an den zuletzt erwähnten Stellen. Dieselbe findet sich bei den Troubadours ziemlich häufig; so in einer Tenzone zwischen Guillem de la Tor und Sordel, welcher letztere jenem gegenüber den Satz verficht, dass einem Liebenden nach dem Tode der Geliebten nichts anderes übrig bleibe als jener zu folgen: *Guillem de la Tor, folia mantenetz, al mieu parer: com podetz dir que devria vida meils que mortz valer a selui que no's jauzis de joi e tos temps languis?* (*Us amicx et un' amia*, Raynouard IV, 34).

---

[1]) Nicht, wie Raynouard, Lex. III, 84 bei Gelegenheit der beiden auch von mir anzuführenden Beispiele angibt, = *médisant, calomniateur*.

Endlich kann hier die Verbindung von *joi* mit dem Adjektivum *jauzion* erwähnt werden. Dasselbe bedeutet sowohl freudenreich oder freudig (so z. B. Bernart de Ventadorn: *cui qu'eu veja jauzion*, Bartsch 64, 34) als auch freudebringend, freudespendend; im letzteren Sinne wird wohl der nicht selten vorkommende Ausdruck *domna jauzionda* (z. B. Bernart de Ventadorn, bei Bartsch 64,3) aufzufassen sein. Wenn wir nun auch den Ausdruck *joi jauzion* finden, so kann hier (falls man nicht einen fast unerträglichen Pleonasmus annehmen will) [1]) *joi* nicht das Gefühl der Freude bezeichnen, sondern nur diejenige Lage, wodurch ein solches hervorgerufen wird; das Adjektiv hat die zweite der oben angegebenen Bedeutungen, *joi jauzion* ist also »freudebringendes (Liebes-)Glück«. Als Beispiel möge eine Stelle aus Guillem de Saint Leidier dienen: *Ai, belha domna — — —, quals franqueza fora e quals merces, s'aquest caitiu, que no sap que s'es bes, restauressetz d'un ric joy jauzion (Aissi cum es bella*, Mahn II, 40) [2]).

2) **Liebeshuld** oder **Gunst**, der Frau, dem Sänger gegenüber. So namentlich, wenn *joi* mit einem Pronomen possessivum der II. oder III. Person (bezogen auf die Frau) verbunden ist. Graf Wilhelm von Poitou: *Per son joy pot malautz sanar, e per sa ira sas morir (Mout jauzens*, Holland 26). — Guillem de Saint Leidier: *Domna, ieu vos sui messalgiers, et el vers entendretz de cui; e salut vos de part celui cui vostre jois alegr' e pais* (Liedanfang, Mahn II, 42). — Bertran de Born sagt in der letzten Strophe eines Gedichtes mit Beziehung auf eine Frau, die hervorragende ritterlich-höfische Tüchtigkeit und Gewandtheit als Bedingung für die Gewährung ihrer Gunst hingestellt hat: *Qu'ella volra son dil tener, que cel on mais veira [3]) de be n'aura guizerdon ses desdire, qu'en tal loc vol son joi assire (Cel qui camja*, Stimming 145).

---

1) Wie Raynouard (Lexique Roman III, 448 s. v. Gauch Nr. 8) zu thun scheint, indem er in einer Stelle aus Gaucelm Faidit *ric joy jauzion* mit *riche joie joyeuse* übersetzt.

2) Selten wird der Ausdruck *joi jauzion* ohne Beziehung auf die Liebe gebraucht, so in einem Klageliede des Joan Esteve: *— — mortz a partit d'aquest mon en Guillem de Lodeva, de que'm venia joys jauzion* (Planhen ploran, Rayn. IV, 80).

3) So ist jedenfalls zu lesen anstatt des vom Hg. im Text belassenen *volra*.

3) »Liebreiz« oder »Anmuth«[1]); erscheint in der Regel in Begleitung von Ausdrücken, die im allgemeinen hervorragende und treffliche Eigenschaften oder im besonderen Schicklichkeit des Benehmens bezeichnen. So in der zweiten Strophe desselben Liedes von Bertran de Born, von dem soeben eine Stelle zum Beleg der Bedeutung »Liebeshuld« angeführt worden ist, und mit Bezug auf dieselbe Frau, von der dort die Rede ist: *Qu'ella sap tan gen far e dire lot so qu'a bon prez aperte qu'ab son joi fai los iratz rire, tant avinenmen se capte.* Die Auffassung von *joi* als »Liebeshuld, Gunst« wäre hier zwar nicht ganz unmöglich (Stimming hat derselben im Glossar Ausdruck gegeben, indem er das Wort, wie an der oben angeführten Stelle, so auch hier durch »Gunstbezeugung« wiedergiebt); aber in Anbetracht des Umstandes, dass hier auf das schickliche Benehmen der Frau der Nachdruck gelegt wird (vgl. die Ausdrücke *»gen«* und *»avinenmen«*) und des weiteren, dass ihre Liebeshuld (*joi*) erst gegen Ende des Gedichtes dem Tüchtigsten als eine Gabe der Zukunft in Aussicht gestellt wird —— mit Rücksicht darauf wird man *joi* in der zuletzt angeführten Stelle besser als »Liebreiz« auffassen. — Peire d'Alvernhe: *E sos [de la domna] pretz mont' a grans poders, e sos jois sobresenhoris (Dejosta·ls breus jorns,* Mahn Ged. 1321). — Peire Vidal: *E quar etz douss' et humana, teno·us tuit per sobeirana de joi e de benestansa e de valor e d'onransa (Car' amiga,* Bartsch Ausg. 37).

4) »Liebesverhältniss« oder »Liebe«. Bernart de Ventadorn: *Jeu, las, cui Amors oblida, que sui fors del dreg viatge — — —, no sai on me repona, pus mos jois mi dessazona (La doussa votz,* Mahn I, 31). *Joi* kann hier nicht ein Gefühl der Freude bezeichnen, denn von einem solchen könnte nicht gesagt werden, dass es unschmackhaft wird oder seinen Reiz verliert (*dessazona*)[2]), sondern es muss etwas bezeichnen, das seiner Natur nach geeignet ist, Freude zu erregen und solche zu

---

1) Zwei mit *joi* synonyme Substantiva zeigen denselben Bedeutungsübergang von »Freude« zu »Liebreiz, Anmuth«: *jai* und *gaug.* Raimon de Miraval: *Que la cortesi' e·l jais de la bela n'Azalais, e·l fresca color e·l pel blon fan tot lo segle jauzion (Ar ab la forsa,* Mahn II, 125). — Peire Vidal: *— — — cel* [scil.: *Mos Bels Castiatz*] *mentau soven lo gaug de vos e·l bel captenemen (Be m'agrada,* Bartsch Ausg. 73).

2) Raynouard, Lexique, s. v. Sazo (V, 165) übersetzt unpassend: *puisque ma joie me trouble.*

erregen pflegt, das aber in einem besonderen Falle dieses Ge-
fühls auch entbehren, ja sogar von einem Gefühl der Unlust be-
gleitet sein kann. Es bedeutet hier also »Liebesverhältniss«; der
Dichter meint sein Verhältniss zu der bisher von ihm besungenen
Frau, über deren Untreue er sich in demselben Liede beklagt[1]).
— Dieselbe Bedeutung: »Liebesverhältniss« liegt vor in einem
Liede Peirol's: *Tot mon engieinh e mon saber ay mes en un joi
qui·m soste* (Liedanfang, Mahn II, 27).

Mit »Liebe« können wir *joi* wiedergeben in der schon S. 109
besprochenen Stelle aus Bernart de Ventadorn: *Vos etz lo
meus jois premiers, e si seretz vos lo derriers* (Pel dols chant,
Mahn I, 21). Ebenso an folgender Stelle, die bisher allerdings
anders aufgefasst worden ist. Bertran de Born: *A Mon
Fraire en ren gratz e merces de Bergida, del fin joi que m'enques,
que tot mon cor me tornet jauzion, quan nos partim amdoi al cap
del pon* (Quan la novella flors, Stimming 195). Der Hg. schreibt
hier *mon fraire* mit kleinen Anfangsbuchstaben und stellt die
Vermuthung auf, dass darunter der Vizgraf Wilhelm von Berguedan zu verstehen sei; das Verbum *enquerre* (in »*del fin joi
que m'enques*«) giebt er im Glossar in wenig befriedigender Weise
durch »heraussuchen« wieder. Aber der Ton der ganzen Stelle
ist ein derartiger, dass hier passenderweise nur an eine Frau
gedacht werden kann[2]). Ich übersetze daher: »Meinem Bruder
von Berguedan sage ich Dank für die lautere Liebe, um die sie
mich bat (d. h.: dafür, dass sie mich um lautere Liebe bat)[3]);
mein ganzes Herz erfüllte sie mit Wonne, als wir am Kopf der
Brücke schieden«. Der Zug, dass Frauen gerade im Augenblick

---

1) Der Gedanke liegt zwar nahe, dass hier *Mos Joys* zu schreiben und
dass dies ein Versteckname sei, derselbe, den Bernhard auch in einem anderen Liede (*Bels Monruels*, vgl. S. 110) gebraucht. Doch steht einer solchen
Annahme schon der Umstand entgegen, dass die Verbindung eines als
Subjekt dienenden Personennamens mit dem Verbum *dessazonar* »unschmackhaft werden« unerhört sein würde.

2) Dass für eine solche der Versteckname »Mein Bruder« gebraucht
wird, ist nichts auffälliges; bekanntlich sind männliche Bezeichnungen in
solcher Bedeutung durchaus nicht selten, vgl. Bischoff: Biographie des
Troubadours Bernhard von Ventadorn S. 20.

3) Näher läge ja freilich: »für die lautere (Liebes-) Freude, die sie
mir verschaffte«. Aber *enquerre* in der Bedeutung »verschaffen« ist mir
nicht bekannt; auch Raynouard, Lex. V, 20 gibt sie nicht an.

des Abschieds sich zu Liebeserklärungen oder Gunstbezei-
gungen gegen ihre Verehrer hinreissen lassen, findet sich in der
Poesie der Troubadours mehrfach erwähnt, so am Schluss eines
Liedes des Königs Alfons von Aragon (*Per mantas guizas*,
Bartsch 88, 5); ebenso Peire Raimon de Toloza: *Benanansa
e fin joi verai aic ieu de midons al partir* (*Us novels pessamens*,
Mahn I, 144).

Ich schliesse hieran die Betrachtung eines Falles, der bei
einer Darstellung der verschiedenen Gebrauchsarten unseres
Wortes hervorragende Beachtung zu verdienen scheint. Sehr
häufig nämlich bedeutet *joi* in den Liedern der Troubadours
»Liebe«, aber in einem besonderen Sinne, nämlich nicht als Gefühl und Leidenschaft, sondern als Prinzip und Ideal, als eine
sittliche Macht, die auf das Leben der ritterlichen Gesellschaft
bestimmend einwirkt oder doch wenigstens, nach der Ansicht
der Troubadours, einwirken soll. Diese hauptsächlich auf dem
Vorwalten des Ehrbegriffes[1]) beruhende Abart der Liebe kommt
zur Erscheinung als Frauendienst, und so werden wir *joi* in dem
uns hier beschäftigenden Falle sowohl durch »Liebe« als auch
durch »Frauendienst« wiedergeben können.

Die hauptsächlichste Stätte des Frauendienstes, der Boden,
der ihm fortwährend neue Nahrung gab, waren die glanzvollen,
durch die Gegenwart der Frauen und durch die Dichtkunst ver-
schönerten Feste, bei denen der lebensfrohe Sinn der ritterlichen Gesellschaft sich frei entfaltete, und so mag es wohl auch
mit hierauf zurückzuführen sein, dass man jenes Prinzip des
höfischen Lebens mit dem für »Freude« bestimmten Worte bezeichnete. Denn derjenige, welcher sich dem Frauendienste ergiebt, hat die Pflicht, sich in der Geselligkeit eines angenehmen,
gefälligen und heiteren Gebahrens zu befleissigen und durch
alles, was er sagt und thut, soll er die Freude durchleuchten
lassen, die ihn als Liebenden beseelt oder die er erstrebt: ein
mürrisches und grämliches Benehmen steht zu Liebe und Frauendienst im entschiedensten Gegensatz. Andererseits besteht auch
eine Wirkung des Frauendienstes auf den Liebenden darin,
alles grämliche und traurige Wesen aus ihm zu bannen, ihn zu

---

1) Vgl. hierüber des Verfassers Schrift: Die Ehre in den Liedern der
Troubadours, S. 21 ff.

lebendigster Antheilnahme an jeder geselligen Lust zu bewegen [1]).

Diese enge Zusammengehörigkeit von Liebe bezw. Frauendienst und Frohsinn, und die Unverträglichkeit der ersteren mit
mürrischem und ungeselligem Wesen wird mehrfach von den
Troubadours ausgesprochen. So von Peire d'Alvernhe, der
diesem Urtheil noch die Bemerkung hinzufügt, dass der von der
Liebe gepeinigte, der froh erscheint, gerade dadurch sein Streben
nach Liebesglück deutlich zu erkennen gebe: *Qu'amors vol gaug
e grupis los enics; e qui s'esjau a l'ora qu'es destreis, ben par que
cel volri'esser amics (Dejosta·ls breus*, Mahn I, 93). — Aehnlich
äussert sich Serveri von Gerona in einem Lehrgedicht über
den Werth der Frauen (hg. von Suchier, Denkmäler I, S. 256 ff.),
von denen V. 67 ff. unter anderem gerühmt wird, dass sie (durch
die Liebe, die sie einflössen) die Mürrischen gefällig und die
Traurigen artig und heiter machen: *Donchs per que maldisets
femnes, que ben sabets que·ls pus paubres fan richs, e plasens los
anichs* [2]), *e·l volpey corretgos, e·ls vilas amoros, e·ls trists cundes
e gays.*

Ehe ich Beispiele für die angegebene Verwendung unseres
Wortes anführe, mache ich auf die häufige, durch die copulative
Conjunction *e* (*et*) erfolgende Verbindung desselben mit gewissen
begrifflich nahestehenden Substantiven aufmerksam. Ich meine
die Substantiva *amor*, *joven* und *pretz*. Unter diesen kommt
amor dem hier in Rede stehenden Begriffe von *joi* am nächsten,
so nahe, dass es nicht leicht ist, überhaupt einen Unterschied
zwischen beiden festzustellen. Beide entsprechen unserm »Liebe«,
und der Unterschied scheint lediglich darin zu bestehen, dass
»amor« die Liebe zunächst und vorzugsweise als eine das Gemüthsleben bewegende Macht, »joi« dagegen, wie vorhin schon
dargelegt, als ein das gesellschaftliche und sittliche Leben beherrschendes Princip und Ideal bezeichnet [3]). Mit andern Wor-

---

[1]) Insofern können wir auch in diesem Falle (»Freude« → »Frauendienst«) den Bedeutungsfortschritt von der Wirkung zur Ursache feststellen,
wie in mehreren früher betrachteten Fällen.

[2]) So ist wohl zu lesen für das handschriftliche *amichs*, das unpassend
erscheint, weil es sich in diesem Verse um einen Gegensatz handeln muss,
wie in dem vorhergehenden und den folgenden Versen; *anichs* wäre eine
mundartliche Form für *enics* (= *iniquos*); die von Suchier zu Grunde gelegte Handschrift bietet auch sonst *a* für *e*: V. 33 *jantil* für *jentil*.

[3]) Daher bezeichnet »amor« die Liebe auch als bethörende, den Sinn

ten: in dem Ausdruck »*joi*« liegt schon die Beziehung auf den Frauendienst unmittelbar enthalten, was bei »*amor*« nicht der Fall ist.

Auch der Begriff von *joven* berührt sich nahe mit dem unseres Wortes. Jenes von dem lat. juventus abgeleitete Substantiv bedeutet ursprünglich »Jugend«, hat aber in der Sprache der Troubadours eine besondere, gewissermassen technische Bedeutung angenommen: es bezeichnet bei unsern Dichtern eine hervorstechende Eigenschaft jenes Lebensalters, das der Jugend vorzugsweise eigenthümliche, in der Geselligkeit zum Ausdruck kommende heitere und muntere Wesen, die »Jugendlust«, dann, mit Zurücktreten des Altersbegriffes, überhaupt den in der ritterlichen Geselligkeit sich bethätigenden Frohsinn. Dieser letztere Begriff berührt sich aber sehr nahe mit dem von *joi*, da nach dem früher gesagten der durch unser Wort bezeichnete Frauendienst in der heiteren Geselligkeit ritterlicher Feste seine Hauptstütze fand[1]).

Das dritte Substantiv, das wir in den Liedern der Troubadours in häufiger Verbindung mit *joi* finden, ist *pretz* »Ruhm«. Hier liegt die begriffliche Beziehung zwischen den beiden Wörtern und ihre begriffliche Nachbarschaft nicht so klar und offen zu Tage wie die Sinnverwandtschaft von *joi* mit *joven* und *amor*, doch lässt sie sich aus den mittelalterlich-höfischen Anschauungen über das Wesen und die Wirkung der als Frauendienst sich darstellenden Liebe (»*joi*«) unschwer erklären. Wie die eigenthümliche Erscheinung des Frauendienstes vornehmlich auf dem

---

verwirrende Leidenschaft, der »*joi*« als klares und Klarheit schaffendes Princip entgegensteht. Wenn daher A r n a u t d e M a r o i l l sagt: *Si's tenon joinz a m o r s e j o i s amdos que ren no i pert mezura ni razos* (*Si cum li peis*, Mahn I, 161), so ist dies wohl so zu verstehen, dass die Aufrechterhaltung von Maass und Vernunft, deren sich Arnaut hier rühmt, nach seiner Meinung auf dem Umstande beruht, dass zu »*amor*«, der Leidenschaft, auch noch »*joi*«, der von Grundsätzen ausgehende Frauendienst, hinzugetreten ist.

1) Aehnlich wie *joi* wird auch *joven* zuweilen wie ein die ritterliche Gesellschaft beherrschendes Sittengesetz aufgefasst, das Pflichten auferlegt (und zwar der Frau nicht minder als dem Mann), gegen das man sich daher auch vergehen kann. So sagt R a i m o n d e M i r a v a l: *Non laissarai qu'ieu non dia, qu'ieu tostemps non contradia so que faran domnas c o n t r a j o v e n, ni·m semblara de mal captenemen* (*D'amor son tots*, Raynouard III, 361).

Ehrgefühl beruht, so wirkt derselbe auch hinwiederum in der entschiedensten Weise auf das Ehrgefühl zurück, sodass man wohl den Satz aufstellen kann, dass das so ausserordentlich hoch gesteigerte Ehrgefühl der Ritterwelt zu einem guten Theil auf dem Einflusse des Frauendienstes beruht[1]).

So wird ersichtlich, dass nach der Anschauung der Troubadours[2]) *joi* und *pretz* zwei eng mit einander verbundene Begriffe bezeichnen; und wie »*joi e joven*«, »*joi et amor*«, so wird auch »*joi e pretz*« als eine in der Gedankenwelt unserer Dichter sich leicht, fast von selbst einstellende Begriffsverbindung erkannt werden[3]).

Beispiele für die genannten Wortverbindungen will ich nicht besonders anführen, sondern nur im Zusammenhang der Beispiele für *joi*, zu denen ich nunmehr übergehe[4]).

Ich theile die anzuführenden Beispiele nach den Verben ein, mit denen *joi* sich verbindet. Zunächst *joi* mit Verben des Gefallens. Arnaut de Maroill: *Vas Aragon, al rey cui joys agensa, tramet mon chan, quar es cortes e pros* (*A gran honor viu*, Mahn I, 157). — Bernart de Ventadorn: *Lo gens temps de pascor, ab la fresca verdor, nos adui fuelh e flor de diversa*

---

1) Auch hier kann verglichen werden, was in des Verfassers Schrift »Die Ehre in den Liedern der Troubadours« (namentlich S. 21 ff.) über den Zusammenhang zwischen höfischer Liebe und Ehre gesagt worden ist.

2) Kurz und klar wird dieselbe ausgesprochen von Guiraut de Borneil mit den Worten: *Pos joys falh e fui, merma pretz e barnatz* (*Si per mon Sobre-Totz*, Mahn I, 208); ähnlich, nur mit den Substantiven *valor* und *honor* statt *pretz*, von Arnaut de Maroill, der zugleich einige sehr bezeichnende Bemerkungen über den Zusammenhang von Liebe und Frauendienst mit heiterer Geselligkeit macht: *Ses joy non es valors, ni ses valors honors; quar joy adutz amors, et amor domna guaya, e guayeza solatz, e solatz cortezia* (Liedanfang, Mahn I, 167).

3) Ausnahmsweise hat *joi* in der Verbindung mit *pretz* die ursprüngliche Bedeutung: Freude. So in einem Liede von Peire Rogier, wo der drittletzte Vers jeder Strophe auf *joi e pretz* »Freude und Ruhm« ausgeht (*Per far esbaudir*, Appel S. 45).

4) In einigen Beispielen sind die beiden zusammengehörigen Substantive nicht unmittelbar verbunden, sondern nur mittelbar, indem sie als Bestandtheile zweier durch die Konjunction *e* verbundener, dem Sinne nach paralleler Sätze auftreten. So *joi* und *amor* in dem S. 130 aus Bernart de Ventadorn angeführten Beispiele; ebenso in der S. 131 aus demselben Dichter beigebrachten Stelle (*Quan vei la flor*), nur dass in der letzteren an Stelle des Substantivs *amor* der Infinitiv *amar* erscheint.

*color: per que tug amador son guay e cantador mas ieu, que plang
e plor, cui jois non a sabor* (Liedanfang, Mahn I, 13).

Auch eine Frau kann, dem Vorbild männlicher Dichtergenossen folgend, Wendungen gebrauchen wie: *jois mi platz*
»Liebe (Frauendienst) gefällt mir«. So die Gräfin Beatrix von
Dia: *E vos gelos mal parlan no·us cuges qu'eu m'an tarzan que
jois e jovens no·m plaia* (*Fin joi me don' alegransa*, Mahn I, 88).
— An einer anderen Stelle bedient sich dieselbe Dichterin in
Verbindung mit »joi e joven« der Verba *s'apaisser* »seine
Freude haben« und *apaiar* »erfreuen«: *Ab joi et ab joven
m'apais, e jois e jovens m'apaia; quar mos amics es lo plus
guais, per qu'ieu sui cuendeta e guaia* (Liedanfang, Mahn I, 87) [1].

An diese Wendungen mit Verben des Gefallens schliesst
sich die Wendung *amar joi* an, so Bernart de Ventadorn:
*Pel dols chant que·l rossinhols fai la nueg, quan mi soi adurmitz,
revelh de joi totz esbaitz, pensius d'amor e cossirans, qu'aisso es
mos mielhers mestiers; qu'ancse amei joi voluntiers* (Liedanfang,
Mahn I, 24).

Auch das mit *amar* synonyme *grazir* »liebevoll oder
freundlich aufnehmen« findet sich in Verbindung mit *joi*. So in
einem Liede, in dem Guiraut de Borneil den Verfall des
Frauendienstes beklagt: *Greu es a sofertar, a vos o dic qu'auzitz
cum era jois grazitz e tug li benestar* (*Per solatz revelhar*,
Mahn I, 201).

Deutlicher noch als in den Verbindungen mit *amar* und
grazir zeigt sich die Bedeutung von *joi* als eines Prinzips, einer
sittlichen Lebensmacht in der Verbindung mit andern Verben,
die besagt, dass man dies Prinzip pflegt, ihm dient, es werth
hält und ehrt. Wir finden diese Ausdrucksweise bei Arnaut

---

[1] Die hier angeführten Beispiele stehen nicht etwa auf gleicher Stufe
mit solchen wie das S. 128 angeführte: *mos joys mi dessazona*, obwohl auch
dort *joi* mit »Liebe« wiedergegeben werden kann. Der Unterschied in der
Anwendung von *joi* liegt darin, dass dort zu unserem Worte ein Attribut,
wie ein Pronomen possessivum, hinzutritt, welches die Liebe als ein bestimmtes und einzelnes Liebesverhältniss hinstellt, während hier der allgemeinen Bedeutung der als Princip aufgefassten höfischen Liebe die Abwesenheit jeglicher attributiven Bestimmung entspricht. Beide Fälle der
Anwendung sind vereinigt in folgender Stelle, beim Grafen Wilhelm
von Poitou: *Mout jauzens me prenc en amar, un joy don plus mi vuelh
aizir; e pus en joy vuelh revertir, ben deu, si puesc, al mielhs anar* (Liedanfang, Holland 25).

de Maroill: *Totz temps er joys per me coltz e servitz, a mon poder car tengutz et honratz* (A gran honor viu, Mahn I, 157).

Durch die angegebene Bedeutung unseres Wortes, wonach es ein in der Sittenwelt wirksames Prinzip bezeichnet, erklärt sich auch die Wendung *mantener joi* »Frauendienst aufrecht halten«. Dieselbe ist ziemlich häufig. So in einem Liebesbriefe Arnaut's de Maroill: *Jeu non puesc may joi mantener, si a vos no ven a plazer que denhes virar pres de me les huelhs d'amor e de merce* (Sel que vos es, Mahn I, 174). — Derselbe: *Tot quant ieu fauc ni dic que'm sia honrat me mostr' amors que m'es al cor assiza; e lai on vey plus ferma voluntat de pretz conquerr' e de joy mantener esforsi'm mais de far e dir plazers* (Liedanfang, Mahn I, 166). — Bertran de Born: *Aquesta vos dic que mante prez e joi, tan ama·n honor, joven e solatz et amor* (Cel qui camja, Stimming S. 145).

An die in den genannten Wendungen hervortretende Auffassung der höfischen Liebe als eines Prinzips schliesst sich unmittelbar diejenige an, wonach dieselbe als das Lebenselement betrachtet wird, an welches das geistige und vor allem das sittliche Wesen des Dichters geknüpft ist. Arnaut de Maroill: *Si cum li peis an en l'aigua lur vida, l'ai ieu en joy e lotz temps la i aurai* (Liedanfang, Mahn I, 161). — Hierher gehört auch die Wendung *aver en joi son estatge* »in der Liebe seinen dauernden, bleibenden Aufenthalt haben«. So Bernart de Ventadorn: *Ben es totz hom d'avol vida qu'en joy non a son estatge e qui vas amor non guida son cor e son desirier* (La doussa votz, Mahn I, 34). — Auf einer ähnlichen Anschauung beruht die Wendung *revertir en joy* »zur Liebe zurückkehren«. Graf Wilhelm von Poitou: *E pus en joy vuelh revertir, ben deu, si puesc, al mielhs anar* (Mout jauzens, Holland 25).

Die bisher genannten Wendungen enthalten die gemeinsame Grundbedeutung, dass das Subjekt sich dem durch *joi* bezeichneten Prinzip gegenüber zustimmend verhält. Den Gegensatz dazu, ein ablehnendes Verhalten, bezeichnet eine Reihe von Ausdrücken, die hier erwähnt werden müssen. Ich theile die betreffenden Verba nach ihren syntaktischen Beziehungen ein.

Einige Verba transitiva haben *joi* als direktes Objekt bei sich. Hierher gehören *baissar* »erniedrigen«, *aunir* »beschimpfen«; ferner drei Verba, denen die Bedeutung »zu nichte machen oder zu Grunde richten« gemeinsam ist: *desconfire, delir* (bezw. *faire delir*), und *tolre* (eigentlich »wegnehmen, beseitigen«). Folgende Beispiele mögen diesen Gebrauch bezeugen. Guiraut de Borneil erklärt sich gegen Verstand und Macht, wenn diese der Liebe nachtheilig sind: *Qu'anc sens ni poders que joi bais no m'agradet ni no m'atrais* (A ben chantar, Mahn I, 188). — Derselbe: *Per qu'es jois e jovens aunitz, e pretz faiditz, ses ajud' e ses benvolens* (Ben es dregz, Mahn I, 212). — Peire Raimon de Toloza klagt über die Arglist des Verläumders, durch den Liebe und Frauendienst zu Grunde gerichtet wird: *Que per lui es joys desconfitz* (Pus vey parer, Mahn I, 143). — Peire Vidal: *Reis non ama valor, qui vol creire trachor ni ser lauzenjador escoutar ni auzir; quan ser fan joi delir e baisson cortezia* (Ben viu a gran dolor, Bartsch Ausg. 13)[1]. — Bernart de Ventadorn legt den Frauen selbst den Untergang des Frauendienstes zur Last, indem er in einer Tenzone mit Peire d'Alvernhe, unwillig über die Täuschung, die er von Seiten einer Frau erfahren hat, ausruft: *Peire, qui ama, desena; quar las trichairitz entre lor* (scil. las domnas) *an tout joi e pretz e valor* (Amicx Bernartz, Mahn I, 103).

Häufiger findet man reflexive Verba mit der präpositionalen Bestimmung *de joi*. Namentlich wird *se recreire*, d. h. sich (aus Muthlosigkeit oder Unwillen) von etwas lossagen, gern in dieser Weise gebraucht. So Peirol: *Ni de midonz mais socors non aten; tals desconortz e tals esmais m'en ve que per un pauc lotz de joi no·m recre* (Mout m'entremis, Mahn II, 16). — Bernart de Ventadorn: *Quan mi membra cum amar suelh la falsa de mala merce, be·us dic que tal ira m'en cuelh que per pauc de joy no·m recre* (Quan par la flors, Mahn I, 20). — Derselbe Dichter spricht sich an einer anderen Stelle muthiger aus, indem er erklärt, dass er auch bei mangelndem Erfolge seiner Bewerbungen sich von Liebe und Frauendienst nie lossagen werde: *Ja no crezatz qu'ieu de joy mi recreya ni·m lais d'amar per dan qu'aver en suelha* (Quan vei la flor, Mahn I, 44).

Aehnliche Bedeutung hat *s'estar* »abstehen, ablassen«. So Jaufre Rudel: *Qu'en un petit de joy m'estau, don nulhs deportz no·m pot jauzir* (Pro ai del chan, Mahn I, 62).

---

[1] Auch mit dem intransitiven *delir* »zu Grunde gehen« wird *joi*, als Subjekt, verbunden. So in der von Raynouard (Lex. III, 28, s. v. *Delir*) angeführten Stelle, aus Arnaut de Maroill: *Contra·ls lauzengiers enveyos, mal parlans, per qui jois delis* (Belh m'es lo dous temps, Mahn I, 162).

Endlich erwähne ich die bildliche Redewendung *s'escondre de joi* sich vor dem Frauendienst verbergen, d. h. sich ihm oder seinen Geboten entziehen. Wir finden sie bei B er - n a r t d e Ventadorn, der seinen Entschluss, die Laufbahn der Liebe gänzlich aufzugeben, mit den Worten ausspricht: *De chantar me gic e·m recre, e de joi e d'amor m'escon* (*Quan vei la laudeta*, Bartsch 66, 25).

Diese Wendung, »sich vor dem (Gehorsam und Gefolgschaft heischenden) Frauendienst verbergen« stellt den Uebergang dar zu dem sehr häufigen Falle, dass *joi*, die höfische Liebe, wie eine Person aufgefasst und dargestellt wird [1]).

Oefters wird die durch *joi* bezeichnete geistige Macht als eine Herrschermacht gekennzeichnet, indem ausgesprochen wird, dass sie an einem Orte bezw. in einer Person herrscht. P e i r e R a i m o n d e T o l o z a: *Et ab ma chanso, enans qu'alhor an, m'en vau lai de cors on jois e pretz r e n h a* [d. h. zum König Alfons von Aragon] (*No·m puesc sufrir*, Mahn I, 141). — P e i r o l beginnt ein Streitgedicht mit den Worten: *Senher, qual penrias vos de doas donas valens, on r e n h a jois e jovens?* (Mahn II, 32).

Wendungen, in denen der höfischen Liebe ein Verweilen an einem Orte oder in einer Person zugeschrieben wird, begegnen mehrfach. So bezeichnet G a u c e l m F a i d i t in den Geleitsworten, mit denen er sein Lied zur Geliebten sendet, diese selbst als den Aufenthaltsort jener Macht: *Chansos, de te fatz messatge, e vai ades e despleja lai on j o i s a s o n e s t a t g e, a la bela, don me greja* (*Lo rossinholet*, Bartsch 144, 25). — Aehnlich, mit Anwendung des gleichfalls ein Verweilen bezeichnenden Verbs *s'a t u r a r*, drückt sich A r n a u t d e M a r o i l l aus, indem er seine Geliebte anredet als: *Franca res avinens, en cuy j o y s e jovens e totz bos pretz s'a t u r a* (*Franqueza e noirimens*, Mahn I, 160). — Ein ausschliessliches Verweilen an einem Orte bezeichnet *s'e n c l a u r e* (eigentlich »sich einschliessen«), das P e i r e V i d a l in den Anfangsversen eines Liedes als Prädikat unseres Wortes gebraucht: *Mos cors s'alegr'e s'esjau per lo gentil temps suau e pel castel de Fanjau, que·m ressembla paradis, qu'amors e i o i s s'i e n c l a u* (Bartsch Ausg. 22).

---

[1]) Man könnte in diesem Falle unser Wort, um die Personifikation auch äusserlich anzuzeigen, mit grossem Anfangsbuchstaben schreiben, wie man dies ja häufig hinsichtlich des in gleichem Falle befindlichen Wortes *amor* thut.

Entschiedener und deutlicher als in den bisher genannten Wendungen tritt die Personification der durch *joi* bezeichneten höfischen Liebe in denjenigen Fällen hervor, wo unser Wort als Subject, die Bezeichnung des Dichters oder der Frau als Objekt (in der Regel als direktes Objekt) erscheint. Alle diese Wendungen beruhen auf der bildlichen Auffassung des durch *joi* bezeichneten Begriffes als des Herrn (insbesondere des Schutzherrn) der Liebenden. Es liegt hier also im wesentlichen dieselbe Vorstellung zu Grunde, der durch die früher erwähnte Verbindung des Subjekts *joi* mit dem Verbum intransitivum *renhar* Ausdruck gegeben wird, nur dass hier das Bild mit in's Einzelne gehenden Zügen ausgestattet worden ist.

Zunächst nenne ich eine Wendung, in der ausgesprochen wird, dass die Liebe den Menschen auf ihre Seite oder in ihr Interesse zieht, welche Thätigkeit durch *prendre a sa part* ausgedrückt wird. Die Liebe wird dabei wie ein Herrscher aufgefasst, dessen Streben auf Gewinnung von Anhängern oder Dienern gerichtet ist. Arnaut de Maroill: *Aissi cum mos cors es francs e fis vas amor, ab mays d'umilitat m'a joys a sa part pres, que maltrach ni dolor no'm planc, si m'es cozens, qu'ans i conosc honor* (Liedanfang, Mahn I, 174).

Ein ähnliches Bild, das eines Herrn, der seine Angehörigen von früher Jugend an nährt und aufzieht, liegt vor in einer Stelle bei Peire Rogier: *Que joys m'a noirit pauc e gran, e ses luy non seria res (Tant ai mon cor,* Appel S. 54). — Aehnlich in einer Stelle aus Marcabrun, der den König Alfons von Castilien rühmt: *Que jois vos pais[1]) e prez vos creis (Emperaire per mi mezeis,* Mahn I, 48).

Wie fernerhin der Herr seinem Diener Schutz und Hilfe gewährt, so thut dies auch die durch *joi* bezeichnete Liebe ihrem Anhänger gegenüber. In dieser Weise wird unser Wort mit dem Verbum *guerir* verbunden in einem Liede von Bertran de Born, worin derselbe sich tadelnd über diejenigen Barone ausspricht, deren Sinnen und Denken nur auf Kampf und Krieg gerichtet ist und die darüber heitere Lebenslust und Frauendienst vernachlässigen: *Per qu'ieu no lur sui aizitz, c'anc a bon*

---

1) »Liebe (Frauendienst) nährt euch«, nicht, wie Diez, Leben und Werke[2] S. 39 übersetzt: Wonne nährt euch.

pretz non ateis rics hom, si jois e jovens e valors[1]*) no·lh fon guirens* (*S'abrils e fuolhas*, Stimming S. 207).

Am häufigsten ist die Auffassung, dass »*joi*« die Liebenden führt oder leitet. So sagt Arnaut de Maroill: *Belha domna, cui joys e jovens guida, ja no m'ametz, totz temps vos amarai* (*Si cum li peis*, Mahn I, 161). — Eine ganz ähnliche Anrede an die Frau wie an dieser Stelle findet sich in einem andern Liede desselben Dichters: *Bona domna, cui joys e pretz es guitz* (*A gran honor viu*, Mahn I, 157).

Endlich füge ich eine Stelle bei, welche den Herrscher »*joi*« als um das Glück und Wohlergehen seiner Unterthanen besorgt darstellt, indem derselbe Liebende mit einander vereinigt und Kummer von ihnen fernhält. Dieser Auffassungsweise giebt Guillem de Cabestaing Ausdruck, indem er seine Geliebte, der (nach der Lebensnachricht) ein falscher Verdacht der Untreue ihn entfremdet hatte, in einem Liede, das dazu bestimmt war, diesen Verdacht zu zerstreuen, mit den Worten anredet: *Jois vos mi renda e'm loing sospirs e plors* (*Li dous consire*, Bartsch 76, 10). Wie nahe *amor* und *joi* einander stehen, zeigt recht deutlich diese Stelle, denn durch Einsetzung von »*Amors*« für »*Jois*« würde hier der Sinn durchaus keine wahrnehmbare Aenderung erleiden.

Ich verlasse hiermit das weite Gebiet des unmittelbar auf die Liebe bezogenen »*joi*« und fasse nunmehr einige besondere Beziehungen in's Auge, welche die durch unser Wort bezeichnete Freude in der Poesie der Troubadours darbietet: zum Gesang und zum Frühling. In beiden Fällen steht die Freude zwar auch in Beziehung zur Liebe, doch nicht so unmittelbar wie bei dem bisher besprochenen Gebrauche des Wortes.

---

1) So liest Stimming mit den Handschriften der von ihm mit x bezeichneten Klasse, während diejenigen der Klasse y fast alle *donar* (bezw. *dar* oder *dos*) bieten. Diese letztere Lesart ist hier ohne Zweifel vorzuziehen. Der Sinn ist: Ich will von solchen nichts wissen, denn wahren Ruhm gewinnt ein reicher Mann nur dann, wenn Liebe und Frauendienst (»*jois*«), gesellige Lust (»*jovens*«) und Freigebigkeit (»*donar*«) ihm nicht zur Seite steht (eigentlich: hilft). »*Donar*« schliesst sich insofern leicht an »*joven*« an, als ja die Freigebigkeit namentlich bei Gelegenheit heiterer Feste sich zu entfalten Gelegenheit hat. »*Valors*« (Tüchtigkeit, in Bezug auf Männer namentlich kriegerische Tüchtigkeit) ist in diesem Zusammenhange unpassend; Bertran hätte gar kein Recht, jenen kriegslustigen Baronen die Eigenschaft der »*valor*« abzusprechen.

Eine in den Liedern unserer Dichter sehr verbreitete Anschauung ist die, dass Freude (Liebesfreude) die Quelle und Begleiterin des der Herrin geweihten Gesanges ist. So Pons de Capdoill: *Per joy d'amor — — — comens chanso* (Liedanfang, Mahn I, 339). Dass Freude zum Singen treibt, drückt Guillem de Cabestaing dadurch aus, dass er den Gedanken, aus Freude das Singen zu unterlassen, für gleichermassen thöricht erklärt wie den, vor Freude zu weinen: *Ancmais no·m fo semblan qu'ieu laisses per amor solatz, ni per joi chan ni·m plores per dousor* (Liedanfang, Mahn I, 110). — Mehrfach heben die Dichter hervor, dass ihr der Liebe dienender Gesang mit Freude beginne und ende. So Bernart de Ventadorn: *Ab joi mou lo vers e·l comens, et ab joi reman e fenis* (Liedanfang, Mahn I, 16). — Derselbe: *Pel dols chant que·l rossinhols fai la nueg, quan mi soi adurmitz, revelh de joi totz esbaitz, pensius d'amor e cossirans, qu'aisso es mos mielhers mestiers; qu'ancse amei joi voluntiers et ab joi comensa mos chans* (Liedanfang, Mahn I, 21).

Und wie der Gesang auf der Liebesfreude als seiner Quelle beruht, so ist er auch hinwiederum ein Mittel, Liebesfreude zu erringen. In der That betrachten die Troubadours die Ausübung der Sangeskunst als eins der vornehmsten Mittel, wenn es sich darum handelt, die Gunst ihrer Herrin zu gewinnen. Daher durfte Guiraut Riquier bei Aufzählung der Mittel, durch die er, wiewohl vergeblich, Liebesfreude zu erringen trachtete, auch den Gesang nicht unerwähnt lassen: *Jeu suy del joy sofrachos d'amor, que no·m val celars ni chan·s ni precx ni rasos ni sufrirs ni merceyars ab mon Belh Deport plazen, que·m prena per servidor* (*Si ja·m deu mos chans*, Mahn IV, 24).

Erklärt die Frau, dass das Singen des Dichters ihr gefällt, so wird eine solche Erklärung von diesem als ein vielverheissender Umstand aufgefasst, der ihm ein rasches Fortschreiten in der Gunst der Herrin und hohes Liebesglück in Aussicht stellt. In diesem Sinne äussert Bernart de Ventadorn: *Cel sui que no soana lo be que Deus li fai, qu'en aquela selmana, quant eu parti de lai, me dis [scil.: ma domna] en razo plana que mos chantars li plai* (*Quan la douss'aura*, Bartsch 62, 6). Wenn daher derselbe Bernart erklärt, dass er auf Liebesfreude Mund, Augen, Herz und Sinn gerichtet habe: *Qu'en joy d'amor ai et enten la boca e·ls huels e·l cor e·l sen* (*Chantars no pot*, Mahn I, 33) — so wird hier gewiss der Mund

vornehmlich mit Rücksicht darauf genannt, dass er als Organ
des Gesanges dient.

Durch seinen Gesang trat der Dichter in besondere gemüth-
liche Beziehungen zu einer in hervorragendem Masse sangesbe-
gabten Klasse der Thierwelt, zu den Vögeln. »Ich singe wie der
Vogel singt, der in den Zweigen wohnet« konnte der Troubadour
mit einer gewissen Berechtigung von sich sagen, und in der
That ist die innere Verwandtschaft zwischen seinem Gesange
und dem des Vogels so gross, dass sie sich seinem Wahrnehmen
aufdrängen musste: er sowohl wie der Vogel bringen durch
ihren Gesang die Freude zum Ausdruck, die Liebe und Frühling
in ihnen erregt haben. Dass unsern Dichter-Sängern diese
Analogie, durch welche die Vögel zu ihren Sangesgenossen er-
hoben werden, deutlich zum Bewusstsein gekommen ist, geht
aus der Art und Weise hervor, wie sie ihre Liebeslieder mit
einem Hinweis auf den Gesang der Vögel einzuleiten pflegen.

Dabei ist es eine bemerkenswerthe lexikalische Erscheinung,
dass unsere Dichter diesen Gesang ihrer Kunstgenossen aus dem
Thierreich einfach mit dem Worte *joi* bezeichnen, das also auf
diese Weise von der Bedeutung »Freude« zu »Freudengesang,
Freudenlied«, endlich auch »Vogelsang« überhaupt, fortgeschritten ist. So Peire d'Alvernhe: *Belha m'es la flors d'agui-*
len, quant aug del fin joy la doussor que fan l'auzelh novelhamen
pel temps qu'es tornat en verdor, e son de flors cubert li reynh
gruec e vermelh e vert e blau (Liedanfang, Mahn I, 96). Ein
weiteres Beispiel liegt vor in der weiter unten (S. 137) angeführten Stelle aus dem Streitgedicht zwischen Peire d'Alvernhe und Bernart de Ventadorn: *demenar joi* = ein
(Freuden-)Lied erschallen lassen.

Der Grund dieser Bedeutungsentwickelung ist klar: der
Vogelsang kann mit dem für »Freude« bestimmten Worte bezeichnet werden, weil er nur diese eine Quelle hat: die Freude,
dieselbe, die, wie wir gesehen haben, auch beim Gesang des
Troubadours als Hauptquelle erscheint. So schwingt aus Freude
sich die Lerche singend zum Himmel auf: *Quan vei la laudeta*
mover de joi sas alas contra'l rai, que s'oblid' es laissa cazer
per la doussor qu'al cor li vai — — — (Bernart de Venta-
darn, Liedanfang, Bartsch 64, 29).

Diese Freude, die den Vogel zum Singen treibt, wird, wie
vorher schon bemerkt, hervorgerufen durch die verbündeten

Mächte[1]) der Liebe und des Frühlings, dieselben, die auch auf
den Dichter wirken, und so machen sich denn enge Sympathie-
beziehungen geltend, durch welche die Liebes- und Lenzes-
freude des Dichters an diejenige des Vogels sich anknüpft. Im
Bewusstsein dieser Sympathie erklären die Troubadours öfter,
dass durch die Freude des Vogels ihre eigene Freude geweckt
oder gemehrt werde, und dass der Sang des Vogels auch sie
selbst zum Singen ermuntere. So Peire Vidal: *La lauzet' e·l
rossinhol am mais que nulh autr' auzel, que pel joi del temps
novel comenson premier lor chan: et eu ad aquel semblan, quan
li autre trobador estan mut, eu chan d'amor de ma domna, Na
Vierna* (Liedanfang, Bartsch Ausg. 26). — Bernart de Ventadorn: *Quan par la flors josta·l vert fuelh, e vei lo temps clar e
sere, e·l dous chan dels auzels per bruelh m'adoussa lo cor e·m
reve: pois l'auzel chanton a lur for, ieu qu'ai plus de joy en mon
cor deg ben chantar, car tug li mei jornal son joy e chan, qu'ieu
no·m pens de ren al* (Liedanfang, Mahn I, 19). — Derselbe: *Pel
dols chant que·l rossinhols fai la nueg, quan mi soi adurmitz, revelh de joi totz esbaitz, pensius d'amor e cossirans* (Liedanfang,
Mahn I, 21). — Derselbe: *Quan vei la flor, l'erba fresqu' e la
fuelha, e aug los chans dels auzels pel boscatge, ab l'autre joy qu'ieu
ai en mon coratge* [scil.: der Liebesfreude] *dobla mos bes e·m nays
e·m creis e·m bruelha* (Liedanfang, Mahn I, 44). — Derselbe: *En
abril, quan vey verdeyar los pratz vertz e·ls vergiers florir, e vey
las aiguas esclarzir, et aug los auzels alegrar: l'odor de l'erba flo-
ria e·l dous chan que l'auzels cria mi fan mon joy renovellar* (Liedanfang, Mahn I, 46; auch Peire Bremon lo Tort zugeschrieben).
— In sehr charakteristischer Weise sucht Peire d'Alvernhe
in einem Streitgedichte seinen Kunstgenossen Bernart de
Ventadorn (denselben, der, wie wir gesehen, so gern sein
Singen zu dem des Vogels in Beziehung setzt) von seinem Entschluss, dem Liebesgesange zu entsagen, abzubringen, indem er
ihn auf die Nachtigall hinweist, die unermüdlich ihre Lieder erschallen lasse, die also, wie hieraus zu entnehmen, der Liebe
sich eifriger widmet, als Bernhard: *Amicx Bernartz del Ventadorn, com vos podetz del chan sofrir, quant aissi auzetz esbaudir*

---

1) Verbündet, doch nicht gleich an Bedeutung und Stärke, in welcher
Beziehung die Liebe den Frühling bei weitem überragt; dies gilt, wie für
den Sang des Vogels, so auch für den des Dichters.

lo rossinholet nuoit e jorn? Aujatz lo joi que demena: tota nuoit chanta sotz la flor; miels s'enten que vos en amor (Liedanfang, Mahn I, 402).

Nachdem wir die Verwendung unseres Wortes mit Beziehung auf die Liebe sowie den Gesang und den Frühling (die mit jener in Verbindung stehen) kennen gelernt haben, bleibt nur noch übrig, den Gebrauch unseres Wortes auf dem Gebiet der geistlichen Lyrik in Betracht zu ziehen. Es ist ein Gebiet, das von den Troubadours im ganzen wenig angebaut worden ist, zu dem aber hier mit Rücksicht auf unsern Zweck zum Theil auch die Kreuzlieder und die Klagelieder auf den Tod eines Gönners gerechnet werden können. Hier erscheint unser Wort häufig in geistlichem Sinne; namentlich die Freude der Seeligen im Paradiese wird oft durch *joi* ausgedrückt: der weltlichen Freude, »*joi mondan*« (s. oben S. 100), tritt die Freude des Paradieses, »*joi de paradis*«, gegenüber. Diesen letzteren Ausdruck findet man übrigens zuweilen auch in Liebesliedern, indem nämlich die Dichter, um die von der Herrin ausgehende Freude als eine alle andern Freuden übersteigende erscheinen zu lassen, dieselbe als Paradiesesfreude bezeichnen. So Bernart de Ventadorn: *Quan quier merce midons de genolhos, ela m'encolpa e mi met ochaizos; e l'aigua·m cor denan per miei lo vis: et ela·m fai un regard amoros, et ieu li bais la boc' e·ls huels amdos, adonc mi par un j o y d e p a r a d i s (Bels Monruels, Mahn I, 48).*

Wie hier der Zusatz »*de paradis*« die Art der Freude deutlich bezeichnet, so finden sich auch andere Zusätze, Adjektiva oder diesen gleichstehende Relativsätze, welche jenem Zwecke dienen. So wird die im Jenseits uns erwartende Freude als eine ewig dauernde, der kurzen irdischen gegenüber, bezeichnet. Pons de Capdoill: *Doncx ben es fols qui·l ben ve e·l mal pren, ni laissa·l joi qui no faill nuoit ni dia per so que pert, don non a mais bailia (Ar nos sia capdelhs, Napolski 50).* — Bertolomeu Zorgi: *Qu'en alegrier a tot jorn mais s'afina, sol esperan lo joi p e r p e t u a l, e·l dezirier del joi a per mezina contra l'afan e·l destric temporal (Ben es adreigz, Raynouard IV, 459).*

Andere Verbindungen unseres Wortes mit Adjektiven sind deswegen beachtenswerth, weil sie identisch sind mit Verbindungen, die wir früher kennen gelernt haben, als das auf die Liebe bezogene *joi* in Rede stand. Diese Uebereinstimmung ist keine zufällige, sie beruht auf dem Zusammenhang zwischen der

geistlichen und der Liebespoesie, ein Zusammenhang, auf den
schon der Umstand hinweist, dass die Dichter ihre Herrin wie
ein höheres, ja fast wie ein göttliches Wesen darzustellen lieben.
Freilich über die Art und Weise dieses Zusammenhanges kann
Zweifel walten, darüber z. B., ob die geistliche Dichtung auf die
Liebeslyrik gewirkt hat oder umgekehrt, oder ob die Einwirkung
eine gegenseitige war; dass aber ein Zusammenhang besteht, ist
nicht zu bezweifeln, und ein äusseres Anzeichen desselben ist
darin zu erblicken, dass gewisse Verbindungen unseres Wortes
mit Adjektiven sich auf beiden Gebieten der Poesie der Troubadours vorfinden. Ich nenne drei derselben. Zunächst die Verbindung *ric joi*, von der oben, S. 118, die Rede war. So bei
A i m e r i c d e B e l e n o i, in einer Stelle, die ausser der hierher
gehörigen Wendung »*lo ric joi de nostre senhor*« (d. h. die reiche
von unserm Herrn, Gott, ausgehende oder gespendete Freude)
auch zwei Mal unser Wort in der allgemeinen Anwendungsart
zeigt, die am Anfang dieser Abhandlung besprochen worden ist:
*Ar puesc ben dir que tot lo mon pejura, qu'uey non es joys que non
torn en dolor, mas sol del r i c j o y de n o s t r e s e n h o r; per que'm
par folh qui enten ni s'atura en autre joy mas en Dieu obezir*
(*Ailas per que viu*, Raynouard IV, 60) [1]).

Ferner die Verbindung *entier joi*, von der oben, S. 114,
gesprochen worden ist. Sie liegt vor z. B. in einem von G u i l -
l e m d'A u t p o l herrührenden Liede auf die Jungfrau Maria [2]):
*A, quon seran jauzens e benanans tug vostr' amic d'entier joy
per jasse* (*Esperansa de totz*, Raynouard IV, 475). An einer anderen Stelle desselben Gedichtes wird die heilige Jungfrau bezeichnet als »*frugz d'entier joy*«, d. h. als Frucht, die ganze
Freude zu erregen bezw. zu gewähren geeignet und im Stande ist.

---

1) »*Ric joi*« in diesem Sinne findet sich auch in Nr. 32 der von Bekker
herausgegebenen geistlichen Gedichte (V. 20).

2) In solchen namentlich kommt der oben hervorgehobene Zusammenhang zwischen geistlicher und weltlicher Lyrik zu deutlicher Erscheinung insofern als die Jungfrau Maria zum Theil mit denselben Farben
dargestellt, in derselben Weise gefeiert wird wie die Herrin in den Liebesliedern. Als Beispiel nenne ich eins der von Bekker herausgegebenen
geistlichen Lieder (Nr. 25), woselbst sich auch unser Wort 2 Mal (V. 19
und 32) mit einer in den Liebesliedern vorkommenden besonderen Bedeutung findet: Liebreiz, Anmuth (vgl. oben S. 123), welche Eigenschaft hier
der Jungfrau Maria zugeschrieben wird.

Endlich der Ausdruck *lo joi major*, dessen auf die Liebe bezüglicher Gebrauch oben, S. 113, in einem Beispiel vorgeführt worden ist, der sich aber auch in geistlichen Liedern findet, indem unter der »grössten Freude« die Freude des Paradieses verstanden wird. So in einer Tenzone zwischen A y c a r d und G i - r a r d, die darüber streiten, was empfehlenswerther sei, sich einen Monat lang, ohne Schmerz bezw. Freude zu fühlen, in der Hölle oder im Paradiese aufzuhalten; Aycard entscheidet sich für den Aufenthalt in der Hölle: *»qu'aisi sabrai pois leu fugir infern e servir ben e gen lo joi major q'hom conqer Dieu serven«* (*Si paradis et enfernz*, Suchier Denkmäler 1, S. 297).

Anhang über »jai«, »joia« und »gaug«.

Ausser *joi* sind in der Sprache der Troubadours noch drei weitere von *gaudium* abstammende Wörter vorhanden, welche alle den Begriff »Freude« ausdrücken: *jai, joia* und *gaug*. Es erscheint angemessen, einige kurze Bemerkungen über dieselben hier beizufügen, um das Verhältniss des in vorliegender Abhandlung erläuterten Wortes zu diesen Mitbewerbern erkennen zu lassen.

Jai.

Dies Wort hat mit *joi* den Umstand gemein, dass es sich vorzugsweise auf die Liebe bezieht. Es ist in dieser Beziehung sogar noch ausschliesslicher als *joi*: nur ganz vereinzelt findet sich *jai* mit Bezug auf andere weltliche Verhältnisse [1]. So P e i r e d' A l v e r n h e: *Per l'emperador me dol, c'a moutas gens fai fraitura; tals en plora que n'a jais* (*Bel m'es quan la roza*, Raynouard IV, 121). — P e i r e R o g i e r: *Si voletz al segle plazer, siatz en luec folhs ab los fatz; et aqui meteys vos sapchatz ab los savis gen captener; qu'aissi cove qu'om los assai: l'un ab ira, l'autre ab jai* [2], *ab mal los mals, ab ben los bos* (*Senh'en Raymbaut*, Appel 63).

Da das Wort im Ganzen selten vorkommt, so wird es nicht

---

1) Ein Beispiel für Beziehung auf die Religion ist mir nicht bekannt.

2) *Jai* hat übrigens hier eine modificierte Bedeutung: nicht »Freude«, sondern »Freundlichkeit«. Die beiden Begriffe wechseln auch sonst, so im ahd. *blîdi* »froh« und auch »freundlich«.

überflüssig erscheinen, wenn ich den von Raynouard (*Lexique* III, 445, s. v. Gauch) gegebenen drei Beispielen noch einige weitere hinzufüge.

Die herrschende Bedeutung »Freude«, mit Bezug auf die Liebe, ist ersichtlich an folgenden Stellen. Guiraut de Borneil: *Que vey qu'ab ponher d'esperos non puesc tan far que joi cobres: pero, si sos ditz averes Mos Bels Senhers, l'ira e l'esmais, qu'ieu n'ai sofert, mi fora jais* (A ben chantar, Mahn I, 188). — Raimbaut d'Aurenga: *Ai, douza res car' e genta, per Dieu, no's fraingna nostre jais* (Entre gel e vent e fanc, Mahn I, 80). — Peire Rogier: *Amors ditz ver et escarnis, e dona pauza e gran afan, e franc cor apres maltalan; huey fai que platz, deman que pes. — E doncx que'n diretz qu'aissi vay? — Que costa? que tot torn' en jay, pueys apres no y a re mas be* (Tant ai mon cor, Appel 52). — Peire Vidal: *Qu'estiers no'm pogra l'afan sufrir ni'l plor ni'l pantais, quant ela s'amor m'estrais, si no fos us cortes jais, que'm ve, domna, deves vos, per qu'eu m'en viu deleitos* (Per ces dei, Bartsch Ausg. 25). — Bertran de Born: *Al doutz, nou termini blanc del pascor vei la elesta, don lo nous temps s'escontenta, quand la sazos es plus genta e plus avinens e val mais, et hom devria esser plus gais, e melhor sabor me a jais* (Liedanfang, Stimming 128). — Derselbe: *Dompna, puois de mi no'us cal, e partit m'avetz de vos senes totas ochaisos, no sai on m'enquieira, que ja mais non er per mi tant rics jais cobratz* (Liedanfang, Stimming 148).

Mehrfach tritt die Bedeutung sinnlicher Liebesfreude hervor. So in einem Streitgedicht zwischen dem Delphin von Auvergne und Peirol: *Qu'amistatz per jauzimen creis, et es razos; que major jai a drutz, pois sidonz o fai; e'l grans jois, qu'es ses engan, fai ades l'amor plus gran* (Dalfin sabriatz, Mahn II, 34). — Ebenso in einem Streitgedicht zwischen Gaucelm und Peirol: *Peirols, al mieu conoissemen, cel que i pot tota nueg jazer, deu aver dos aitans de jai que cel qu'o fai e pueis s'en vai* (Gauselmz digas, Mahn II, 33).

Mit *joi* stimmt *jai* auch insofern überein als es wie jenes die Bedeutung von Liebe oder Frauendienst, als Princip aufgefasst, ausdrückt. So Guiraut de Borneil: *Quant aondava jais, e chantz era grazitz* (Lo douz chanz d'un auzelh, Mahn I, 206). — Derselbe: *Que pos joys falh e fui, merma pretz e barnatz; e pois las poestatz s'estraigneron de jay, de quan que'l piegers fay*, *no fon per mi lauzatz* (*Si per Mon Sobre Totz*, Mahn I, 203).

Einen begrifflichen Unterschied zwischen den beiden Wörtern wüsste ich nicht anzugeben. Auch sonst stimmen sie im Gebrauch überein, nur dass *jai* viel seltener vorkommt als sein Mitbewerber und dass manche Verbindungen, die wir bei *joi* kennen gelernt haben, namentlich mit Adjektiven, bei *jai* sich nicht finden. So die Verbindungen mit *entier*, *complit*, *honrat*. Es scheint, dass die Troubadours *jai* vornehmlich mit Rücksicht auf den Reim anstelle des gleichbedeutenden *joi* wählten. Wenigstens ist es Thatsache dass *jai* fast nur im Reim vorkommt[1]), während umgekehrt *joi*, soviel mir bekannt, sich stets ausserhalb des Reimes findet. Daher auch die Erscheinung, dass in einer Anzahl von Stellen beide Wörter vorkommen: *jai* im Reim und daneben, mit gleicher Bedeutung, *joi* im Innern des Verses. So in der Stelle, die oben, S. 141, aus dem Liede Guiraut's von Borneil: *A ben chantar* angeführt worden ist, ebenso in der Stelle aus dem Streitgedicht zwischen dem Delphin von Auvergne und Peirol (*Dalfin sabriatz*). — Ein Grund für die Scheu der Troubadours, *joi* im Reim zu verwenden, ist nicht leicht anzugeben. Mangel an einem entsprechenden Reimworte kann es nicht gewesen sein, denn wie man *joia* mit *bloia* band (so in Bernhards von Vertadorn Liedanfang: *Tant ai mon cor plen de joia*), hätte auch *joi* mit der Masculinform *bloi* gebunden werden können.

---

[1]) So in allen bisher angeführten Stellen, und überhaupt in allen mir bekannten, mit Ausnahme zweier, beide aus den von Suchier herausgegebenen »Denkmälern«: 1) aus einer »Dansa«, vielleicht von Guiraut d'Espanha: *E tenray m'ab desamor et auray gauch e socor e j a y e plaser entier* (*Ben volgra s'esser poges*, Suchier S. 300); 2) aus einem Liebesbriefe, vielleicht von Aimeric de Peguilain: *Per que·us prec, dompna de bon aire, que·us plasa que tals j a i s m'en vegna que joios e gai me mantegna* (*Bona dompna pros ez onrada* V. 66, Suchier S. 318). Vielleicht ist in beiden Fällen *jai* nur durch ein Versehen des Schreibers für *joi* eingetreten. Die Buchstaben *o* und *a* werden in mittelalterlichen Handschriften oft verwechselt; auch bietet gerade der Schreiber der Handschrift, welche den von Suchier herausgegebenen Liebesbrief enthält, mehrmals *a* für *o*: V. 64 *jaias* für *joias*; 40 *valer* für *voler*; 48 *nas* für *nos*.

Joia.

Auch bei diesem Worte ist ein deutlich hervortretender begrifflicher Unterschied von *joi* nicht vorhanden [1]).

Das Wort kommt in den Liedern der Troubadours nur sehr vereinzelt vor (fast noch seltener als *joi*) und zwar meist mit Bezug auf die Liebe. So Bernart de Ventadorn: *Tant ai mon cor plen de joia, tot me desnatura: flors blanca, vermelh' e bloia·m sembla la freidura* (Liedanfang, Bartsch 62, 23). — Peirol: *De tota joia·m deslonja ma dona, e non l'es honors; qu'ab calque plazen messonja me pogra far gen socors (Manta gens, Mahn II, 4). — Derselbe: Belha, douss' amia, al cor vos m'a meza Amors tota via; grans joia m'es presa d'aital senhoria, qu'ieu sui, si no·us peza, vostres, on qu'ieu sia (Ab joi que·m demora, Mahn II, 15).*

Die Bedeutung »Liebeshuld« hat, wie öfter *joi*, so, ganz vereinzelt, auch *joia*. Gaucelm Faidit: *Ves ma domna soplei totas sazos, que·m nafret gen el cor, ses colp de lansa, d'un dous esgart, ab sos huelhs amoros, lo jorn que·m det sa joia[2]) e s'acoinhtansa (Tot me cugiei, Mahn II, 105). — Raimbaut de Vaqueiras: Si m'a bon cor [scil.: ma domna], ara·lh prec e l'incaut que·m do sa joi' e·m prometa salutz (D'amor no·m lau, Mahn Ged. 235).*

Wie überhaupt *joia* bei den Troubadours selten ist, so fehlen hier auch fast alle jene zahlreichen Verbindungen mit Verben und Adjektiven, wodurch der Gebrauch von *joi*, wie wir früher gesehen, zu einem so mannichfaltigen wird.

Endlich verdient bemerkt zu werden, dass, soweit meine Kenntniss reicht, *joia* nicht mit der Bedeutung ausschliesslich oder vorherrschend sinnlicher Liebesfreude erscheint [3]), ebensowenig mit der Bedeutung der sich als Frauendienst darstellenden Liebe.

---

[1]) Fauriel (Histoire de la poésie provençale, I, S. 199) sieht, meiner Ansicht nach mit Unrecht, den Unterschied zwischen *joi* und *joia* darin, dass, dem grammatischen Geschlecht der Wörter entsprechend, jenes, das Masculinum, eine zu kraftvoller Bethätigung nach aussen drängende, dieses, das Femininum, eine rein passive Freude bezeichnet.

[2]) RV: *s'amor.*

[3]) Auch in den zuletzt angeführten Beispielen aus Gaucelm Faidit und Raimbaut de Vaqueiras kann *joia* nicht in einem solchen Sinne gedeutet werden.

Gaug.

Während die bisher besprochenen beiden Mitbewerber von *joi*: *jai* und *joia* in der Sprache der Troubadours nur selten gebraucht werden, kommt im Gegentheil der dritte hier in Betracht kommende, *gaug*, in den Liedern unserer Dichter sehr häufig vor. Das Wort erscheint daher nach *joi* als das wichtigste unter den vier von *gaudium* stammenden Wörtern, deren sich die Troubadours zum Ausdruck des Begriffes »Freude« bedienen [1]). Um sein Verhältniss zu *joi* hervortreten zu lassen, wird es erforderlich sein, seinen Gebrauch etwas eingehender zu beleuchten.

Gaug kommt so ziemlich in allen Verwendungsarten vor, die wir bei *joi* kennen gelernt haben, und der Unterschied von diesem letzteren liegt wesentlich nur in der, je nach der Bedeutung, grösseren oder geringeren Häufigkeit des Gebrauches.

Wir haben oben (S. 100) gesehen, dass in der allgemeinen Bedeutung »Freude« (ohne Beziehung auf Liebe oder Religion) *joi* sich bei den Troubadours ziemlich selten findet. Der eigentliche und übliche Ausdruck für diesen allgemeinen Begriff ist vielmehr das uns hier beschäftigende Wort: *gaug* [2]). So sagt Guillem de Saint Leidier, als Segenswunsch für den König Alfons von Castilien: *Dieus nos lays far e dir que siam salvatz, et al bon rey castelhan, qu'es honratz, cresca sos gaugz e vida lonjamen* (*El temps quan vey*, Mahn II, 45).

Auch in sprichwörtlichen, volksmässigen Wendungen, in denen von der Freude in diesem allgemeinen Sinne die Rede ist, erscheint *gaug* als der angemessene Ausdruck. Als eine solche Wendung kann folgender Satz gelten, der sich bei Uc Brunet

---

1) Von dem in geistlicher Prosa, aber nicht bei den Troubadours begegnenden *gaudi* (s. Rayn. Lex. III, 442), das gelehrten Ursprunges scheint, ist hier natürlich abgesehen worden.

2) Daher ist in allen (dichterischen oder prosaischen) Literaturerzeugnissen, in denen es sich nicht um Liebe oder Religion handelt, *gaug* durchaus das herrschende Wort. Recht deutlich sieht man dies z. B. aus der von Suchier (Denkmäler I, S. 201 ff.) herausgegebenen Diätetik, in der sich *joi* gar nicht, *gaug* dagegen häufig findet (so V. 423—446 nicht weniger als 13 Mal), und zwar mit dem Begriff der einen mittleren Grad nicht überschreitenden Freude, die den Menschen bei seinen täglichen Beschäftigungen begleiten soll, damit er sich dadurch frisch erhalte und sein Leben verlängere.

findet [1]): *Qui ga ug semena, plazer cuelh* »wer Freude sät, erntet Vergnügen« (*Ab plazer recep*, auch Arnaut Daniel zugeschrieben, Mahn II, 76).

Wie *gaug* im allgemeinen die Freude bezeichnet, die durch ein dem Subjekt günstiges Erlebniss oder Ereigniss hervorgerufen wird, so drückt es im besonderen auch diejenige Freude aus, die man über den Schaden oder die Besiegung des Feindes empfindet. Schwerlich wird man jemals in diesem Sinne *joi* gebraucht finden. So erklärt Raimbaut de Vaqueiras, wie schmerzlich ihm auch die Trennung von der Geliebten sei, so wolle er sich doch wacker halten und fortfahren, Ehre und Ruhm zu erstreben, damit er nicht durch kleinmüthiges Benehmen seinen Feinden Freude bereite: *Pero no·m comanda valors, si be·m sui iratz et enicx, qu'ieu don gaug a mos enemicx, tan qu'en oblit pretz ni lauzors* (*No m'agrad' iverns*, Mahn I, 377). — Bertran de Born schildert das Getümmel eines bevorstehenden Kampfes: *Es a rage veirem anar destriers, e per costatz e per piechs manta lansa, e gaug e plor, e dol e alegransa* (*Miez sirventes vuelh far*, Stimming 173) [2]).

Ich habe oben (S. 102) die Verbindungen *de joi* und *ab joi* erwähnt. Auch bei *gaug* findet sich, in gleichem Sinne, die Verbindung mit den Präpositionen *de* und *ab*. Für *de gaug*, synonym mit *volontiers*, wie *de joi*, führt Raynouard s. v. Gauch (III, 442) zwei Beispiele an; für *ab gaug* nenne ich folgendes. Raimbaut de Vaqueiras: — — *e devria·us membrar que nos dirnem ab gaug, ses pro manjar, d'un pan tot sol, ses bevre e ses lavar* (*Honratz marques*, Mahn, I, 383).

Die Hauptanwendung findet *joi*, wie wir gesehen haben, im

---

1) Peretz hat denselben nicht in seine Sammlung provenzalischer Sprichwörter (Rom. Forschungen III, 445 ff.) aufgenommen, hätte ihn aber mit demselben Recht aufnehmen können wie mehrere ähnliche, von ihm S. 446 angeführte Sprüche, welche die Verba *semenar* und *(re)colhir* enthalten. Umgekehrt scheint mir die sprichwörtliche Natur einer von ihm daselbst S. 453 angeführten Stelle aus Bernart de Ventadorn, welche *joi* enthält, recht zweifelhaft, trotz der Aehnlichkeit eines Spruches der Proverbia Salomonis (14, 13), die rein zufällig sein kann: *Totz temps sec joy ir'e dolors, e tos temps ira — joys e bes* (*Ja mos chantars*, Mahn I, 28).

2) Die Wendung *veirem gaug* zeigt, .dass dies Wort auch eine äusserlich, in Miene, Haltung oder Stimme hervortretende Freude bezeichnen kann, wie wir dies auch hinsichtlich des Wortes *joi* aus der oben S. 100, Anmerk. angeführten Verbindung desselben mit dem Verbum *vezer* ersehen können.

Liebeslied, indem es die zur Liebe in Beziehung stehende Freude oder die Liebesfreude bezeichnet. Vergleichen wir damit den Gebrauch von *gaug*, so finden wir, dass es in dem soeben angegebenen Sinne zwar auch ziemlich oft, viel öfter als *jai* oder *joia*, gebraucht wird, aber doch bei weitem nicht so häufig wie *joi*. Das Verhältniss der Häufigkeit ist also hier dem oben hinsichtlich der allgemeinen Bedeutung hervorgehobenen grade entgegengesetzt: in jener allgemeinen ist *gaug*, in dieser besonderen ist *joi* das herrschende Wort.

In dieser letzteren Verwendungsart zeigen sonst, abgesehen von der Häufigkeit des Gebrauches, die beiden Wörter in der Regel keinen irgendwie erkennbaren Unterschied. Wenn es z. B. bei **Raimbaut de Vaqueiras** heiss: *Belha domna, tal gaug mi ven de vos que marritz sui, quar no vos sui aizitz* (*Savis e folhs*, Mahn I, 367), so ist hier die Bedeutung und Verwendung von *gaug* genau übereinstimmend mit der von *joi*, und indem der Dichter hier *gaug* anstelle des gebräuchlicheren *joi* anwandte, wird für ihn einfach das Streben massgebend gewesen sein, die Wiederholung von *joi* zu vermeiden, welches Wort schon im vorhergehenden Verse steht.

Auch hinsichtlich der Verbindung mit Verben und Adjektiven zeigt sich zwischen den beiden Wörtern eine ziemlich weitgehende Uebereinstimmung. So finden sich die Wendungen *esperar, atendre gaug*[1]), wie *esp., at. joi*; und so findet sich nicht gar selten der Ausdruck *gaug entier* oder auch der vollere *fin gaug entier*, ensprechend dem bei *joi* erwähnten.

Die Bedeutung von *gaug entier* enthält ein mehr oder weniger deutlich hervortretendes Element der Sinnlichkeit; vgl. das oben S. 114 f. über *joi entier* bemerkte. Offen liegt die Bedeutung der sinnlichen Liebesfreude vor z. B. in einem Streitgedicht zwischen **Blacatz** und **Raimbaut**, über die Frage, ob sinnlicher Genuss oder Ehre in der Liebe vorzuziehen sei; **Raimbaut** entscheidet sich für den ersteren Fall und schliesst das Gedicht mit den Worten: *Ja ab promessa perduda lonc temps no·m pot retenir cil per cui planh e sospir, s'ab gaug entier no m'ajuda* (*En Raymbautz ses saben*, Mahn II, 138).

Auffallend häufig bedient sich **Peire Vidal**, der überhaupt *gaug* gern anwendet, des Ausdruckes *gaug entier* oder *fin*

---

1) Belege unter den Beispielen für *gaug entier*.

gaug entier. So S. 62 der Ausgabe von Bartsch: *Qu'anc pos m'ac tot* (Subjekt: *ma domna*), *no fui vas leis antius, enans l'am mais de bon cor e de ver; que de re mais gaug entier non esper* (*Bels amics cars*). — S. 68: *Mas res ses vos no·m pot esser plazen, ni de ren al gaug entier non aten* (*Anc no mori*). Ausserdem habe ich die angegebene Verbindung bei Peire Vidal noch in folgenden Liedern bemerkt: *Mout m'es bon e bel* (S. 5); *Ges pel temps* (S. 18); *Ajostar e lassar* (S. 21)[1]; *Tant an ben dig* (S. 27); *Nuls hom no·s pot* (S. 48); *Quant hom honratz* (S. 64); *Be m'agrada* (S. 73)[2]. Die Bedeutung »Anmuth« (vgl. S. 123) scheint in folgender Stelle vorzuliegen: — — *sa beutat, que·l det enteiramen nostre senher, qu'anc re no li·n parti, e gaug entier e sen verai e fi, tot so m'ave, car s'amor no·m consen* (*Una chanson*, S. 75).

Ein Unterschied im Gebrauch der beiden Wörter, der darauf hinweist, dass für die auf die Liebe bezogene Freude der eigentliche Ausdruck *joi* ist, besteht darin, dass dem früher erwähnten *joi d'amor* kein *gaug d'amor* zur Seite steht; ich habe diese letztere Wendung nie gefunden[3].

Ein fernerer Unterschied besteht darin, dass die Bedeutung »Liebe oder Frauendienst«, die bei *joi* sehr häufig ist, hier, bei *gaug*, sich kaum findet. Mir sind nur die folgenden zwei Fälle aufgestossen, und auch da steht die angegebene Bedeutung nicht fest: es kann auch die allgemeine Bedeutung »Freude« vorliegen. Bertran Carbonel de Marselha in einer *Cobla* (Bartsch »Denkmäler« S. 8): *Qu'ilh blasmon gaug, la melhor res que sia.* Folquet de Marselha, in einem Klagelied auf einen Gönner: *E qui pretz e gaug et honor, sens, larguessa, astr'e ricor nos a tolt, pauc vol nostr' enans* (*Si cum sel*, Raynouard IV, 52).

Dagegen findet sich in der Bedeutung der durch den Frühling hervorgerufenen (mit der Liebe in enger Verbindung stehenden) Freude, wie öfter *joi*, so zuweilen auch *gaug*. Raimbaut d'Aurenga: *Ar ai gaug, car s'esbronda·l freis, e remanon sol*

---

1) Das sinnliche Element tritt grade hier allerdings sehr in den Hintergrund: *Quan n'aug dir bon resso, gaugz entiers me somo qu'en deja far chanso.*

2) Das auf die Liebe bezogene *gaug* findet sich hier (was natürlich beabsichtigt ist) in jedem der acht Verse der letzten Strophe.

3) Freilich mag auch Rücksicht auf den Wohlklang bei dieser Abneigung der Troubadours gegen die genannte Wendung mitgewirkt haben.

li abric, e li auzelet en lor leis cascus de cantar no se tric (*Pos tals sabers*, Bartsch 67, 10). — Der Ausdruck *gaug d'estieu* »Sommerfreude« findet sich bei *Uc Brunet*: *E'l colombet, per gaug d'estieu, mesclan lur amoros torney, e duy e duy fan lur domney* (*Ab plazer recep*, Mahn II, 76).

Es bleibt noch übrig die Bedeutung der sich auf die Religion beziehenden, durch sie hervorgerufenen Freude. In dieser Bedeutung dürften die beiden Wörter, was die Häufigkeit des Gebrauches betrifft, sich gegenseitig die Wage halten. Auch sonst findet im Gebrauch der beiden Wörter im religiösen Sinne Uebereinstimmung statt, namentlich was die Verbindung mit gewissen Adjektiven anbetrifft. So findet sich der Ausdruck *gaug entier* (= *joi entier*, s. S. 139) in dem »Doctrinal« des Raimon de Castelnou: *Qui fermamens vol creire la crezensa e la fe, e'l seynhor obezir, que'ns garda e'ns mante, bon gazardon aura, que tostemps per jasse li dara gaug entier, c'aital nos o cove* (Suchier, Denkmäler S. 245, V. 118). — Dem Ausdruck *joi perpetual* (oben S. 138) stellt sich *gaug eternal* zur Seite, welche Verbindung wir in einem Marienliede von Lanfranc Cigala finden: *Per que'us veing merce querer, gloriosa Maria, que mi deignes tant valer qu'eu per vos gardatz sia de tot mal en aquest segle venal, desleial, e'm dones gaug eternal* (*Oi maire*, Raynouard IV, 440). — Wie »*lo major joi*« (vgl. S. 140), so dient auch »*lo major gaug*« zur Bezeichnung der Freude des Paradieses. So Guillem Augier: *Selh Dieu prec que fetz trinitat de se mezeis en deital, qu'el cel, on lo major gaugz es, meta l'arma* (*Quascus plor*, Raynouard IV, 48).

Bemerkenswerth ist die Verbindung *gaug sobrier*, die sich der in Bezug auf die Liebe gebrauchten: *joi sobeiran* (vgl. S. 118) zur Seite stellt. Sie findet sich bei Bertolomeu Zorgi: *Doncs laig sentier sec cel q'ab leis camina, e qui penzan non va'ilh vid'eternal e'l gaug sobrier qu'a cel q'a Deu s'aclina* (*Ben es adreigz*, Raynouard IV, 460). Nicht minder interessant ist die Wendung »*Deus es gaug*«, die eine auffallende Uebereinstimmung mit der in Bezug auf die Geliebte gebrauchten »*ilh (ma domna) es jois*« (vgl. S. 109) zeigt und einen weiteren Beleg für die früher schon (S. 139) hervorgehobenen Beziehungen zwischen der religiösen Dichtung und der Liebespoesie liefert. Jene Wendung findet sich in einem Kreuzliede Raimbaut's von Vaqueiras: *Mas tan nos fan nostre peccat torbar que*

mort vivem e re no sabon quo; qu'un non i a tan galhart ni tan
pro qu'a un plazer non aj' autre pesar, ni es honors qu'az anta
non s'afranha, quar contr'un gaug a·l plus rics mil corrotz; mas
D e u s e s g a u z, per qu'om si senh' en crotz (Era pot hom conoisser, Bartsch 127, 15).

Endlich eine Bemerkung über einen Unterschied zwischen
den beiden Wörtern, der sich auf alle Anwendungsarten derselben erstreckt. *Joi* wird von den Troubadours äusserst selten
im Plural gebraucht; ich kann dafür nur die folgenden Beispiele anführen, von denen noch dazu mehrere auf einem Copi-
stenfehler beruhen können. U c d e S a i n t C i r c: *Que farai
doncs, domna — — —? Que farai eu, cui serion esglai tuit
a u t r e j o i, si de vos no·ls avia (Tres enemics,* Bartsch 157, 33).
— F o l q u e t d e M a r s e l h a: *Er non ai joy d'amor ni non l'esper,
ni autres bes no·m pot al cor plazer, ans mi semblon tug a u t r e
joy esmai (S'al cor plagues,* Mahn I, 349). — F o l q u e t d e
R o m a n s: *Que si de chantar vos mesclatz, ni·us donatz alegratge, totz diran: Vos etz fols proatz, si de t o t z j o y s* [besser
wol: *tot joy*] *no vos layssatz (Tornatz es en pauc de valor,* Raynouard IV, 128). — B e r t r a n d e B o r n: — — *e·l nous temps
— — —, que·ns adutz j o i s* (R: *joy*) *e dousors (S'abrils e fuolhas,*
Stimming 206). — P e i r e V i d a l: *s'amor no·m consen; pero de
mar tra hom senes duptansa aigua doussa, per qu'eu ai esperansa
que sens e genhs — — m'en traira j o i s (Una chanson,* Bartsch
Ausg. 75; bessere: *joi?*) — D e r s e l b e: *Per qu'umilitatz ab
ricor don' a totz a u t r e s j o i s sabor (Nuls hom no·s pot,* Bartsch
Ausg. 48; *joi* hier = Anmuth, Reiz?). Umgekehrt ist die Anwendung des Plurals von *gaug* sehr häufig, namentlich bei der allgemeinen Bedeutung des Wortes; weniger bei der mit der Religion
verknüpften[1]; nur vereinzelt kommt er bei der auf die Liebe
bezüglichen Bedeutung vor. Als Beispiele für den letzteren
Fall nenne ich: A r n a u t d e M a r o i l l: *E·l g a u g que son ab
la dolor mesclat fan la pena a la fin* (Mahn: *e la fan*) *leu parer
(Tot quant ieu fauc,* Mahn I, 166). — P o n s d e C a p d o i l l:
Si totz los g a u g z[2] *e·ls bes, e las finas lauzors, e·ls faitz*

---

1) Ein Beispiel für den Plural in dieser letzteren Anwendung des
Wortes ist »*los g a u c h s c e l e s t i a l s*« in Bartsch, Denkmäler S. 231,
V. 10 (aus dem Leben der heiligen Enimia); ein ähnliches, aus der Vida
de Sant Honorat, führt Raynouard (Lexique Roman s. v. Gauch) an.

2) Dem Worte ist hier ohne Zweifel die Bedeutung »Anmuth, Liebreiz« zuzusprechen.

e·ls digz cortes de totas las melhors volgues Dieus totz complir en una solamen, saber cug veramen que selha cui dezir n'agra mais per un cen (Liedanfang, Mahn I, 346, Napolski S. 72).

Dieser Unterschied im Gebrauche der beiden Wörter beruht vor allem darauf, dass *joi* das eigentliche Wort für die auf der Liebe beruhende Freude, *gaug* dagegen dasjenige für die Freude im allgemeinen Sinne ist, wobei eine Beziehung auf höhere Lebensmächte fehlt. Denn jene Freude wird als Ein grosses, den Menschen erfüllendes Gefühl aufgefasst, wobei einzelne Ursachen zunächst nicht in Betracht kommen; diese letzteren dagegen sind es gerade, die bei der angegebenen durch *gaug* ausgedrückten Bedeutung gern in's Bewusstsein treten und daher die sprachliche Bezeichnung der Vielheit, den Plural, fordern: der Einen und untheilbaren Freude, welche durch die Liebe erregt wird, stehen so die einzelnen Freuden des Lebens gegenüber.

Nachdem wir die Bedeutung und die Gebrauchsweise von *joi* sowie seiner Mitbewerber *jai*, *joia* und *gaug* kennen gelernt, werfen wir zum Schluss noch einen Blick auf die Form dieser Wörter. Ich stelle hier *gaug* voran, da diese Form sich am leichtesten aus dem lateinischen Grundwort, *gaudium*, herleiten lässt: sie zeigt die im Provenzalischen lautgesetzliche Erhaltung des lateinischen Diphthongs *au*; ferner die Entwickelung eines durch *g* bezeichneten palatalen Zischlautes [1]) aus *lat. di* + *Voc.*, wie z. B. *rag* = *radium*.

Weniger einfach erscheint die Erklärung der Formen *joi* und *jai*. Beide zeigen eine Entwickelung, die in der Behandlung einmal des anlautenden Consonanten, dann des Diphthongs *au*, endlich der Combination *di* + *Voc.* von der bei *gaug* beobachteten Lautentwickelung durchaus abweicht. Zunächst entwickelte sich hier aus *lat. g* + *a* der durch *j* bezeichnete palatale Zischlaut, was im Provenzalischen verhältnissmässig selten geschieht, so in dem stammverwandten *jauzir* = *gaudere* bezw. *gaudire.

--- ------ --

1) Hier, im Auslaut, des scharfen, daher auch die Schreibung *gauch*. Das ebenfalls vorkommende, von Raynouard nicht aufgeführte *gauz* (so *Deus es gauz* in der S. 148 genannten Stelle; gleichbedeutend ist die Schreibung *gautz*; zu der Schreibung *gaugz* vgl. Diez Gr. I[3] S. 414) ist eine dialektische Nebenform von *gaug*. Mit Unrecht dagegen führt Raynouard auch die Form *gaut* auf, die er vermuthlich aus dem von ihm angeführten »*els gautz celestials*« (Vida de S. Honorat) zu folgern sich berechtigt geglaubt hat.

Was dann die Behandlung der Combination *di + Voc.* anlangt, so liegt hier anstatt der Entwickelung eines palatalen Zischlautes (wodurch, mit übelklingender Wiederholung dieses Lautes, *jauǵ* [spr. *ǵauǵ*] entstanden wäre) der Abfall von *d* vor, in Folge dessen *i* sich innig mit dem vorausgehenden Vocal verband[1]). Hierdurch erklärt sich nun auch die zunächst befremdliche Behandlung des lat. *au*, welcher Diphthong ja nach dem allgemeinen, bei *gaug* befolgten provenzalischen Lautgesetz erhalten bleibt. Denn durch die soeben angegebene lautliche Entwickelung des lat. *di + Voc.* wäre bei Anwendung jenes Gesetzes die Form *jaui* entstanden, welche die Sprache zu vermeiden suchen musste, aus dem einfachen Grunde, weil ein Triphthong *aui* ihr unbekannt ist. Sie umging eine solche Bildung, indem sie einerseits, jenem Gesetze entgegen, *au* in *o* zusammenzog, was sonst im Provenzalischen nur ganz vereinzelt sich findet[2]), andererseits jenen Diphthong durch Abfall des *u* zu *a* verkürzte, eine Erscheinung, die sich im Provenzalischen auch sonst zuweilen findet. So in *anta* für *aunta* (got. *haunitha*). Dies Wort ist hier besonders bemerkenswerth, weil es das unbequem gewordene *au* auf dieselbe zwiefache Weise vereinfacht wie dies bei dem Abkömmling des lat. *gaudium* der Fall ist: einerseits, wie in *jai*, durch Verkürzung zu *a*, daher *anta*; andererseits, wie in *joi*, durch Einsetzung von *o*, daher *onta* (ziemlich selten, z. B., im Reim, bei Guillem Figueira, Trutzlied gegen Rom, Levy 44; Bartsch 204, 8). [Hier eine beiläufige Frage, die sich auf die Verschiedenheit der centralfranzösischen und der nordostfrz. Behandlung lateinischer Perfektformen wie *placui* bezieht, worüber Suchier Zeitschr. II, 255 ff. und später Neumann Zeitschr. VIII, 369 ff. gehandelt haben. Sollte nicht diese Verschiedenheit und namentlich die verschiedene Behandlung des lat. auslautenden *i*, die Neumann ebendort S. 370 auf Satzphonetik zurückführen will, sich einfach dadurch erklären, dass die beiden Dialekten gemeinsame Abneigung gegen den Triphthong *aui* (dieselbe, die auch bei prov. *joi* und *jai* gewirkt

---

1) Wie in *rai* = *radium*, einer Nebenform von *rag*, wie *joi* von *gaug*.
2) Diez Gr. I³ S. 171 verzeichnet ausser unserem Worte nur das tonlose *o* = lat. *aut* und *coa* = *cauda*, woneben aber schon im Lat. die Form *coda* bestand.

hat) sich, ihrem Lautcharakter gemäss, verschieden bethätigte? Ich denke mir den Hergang folgendermassen: lat. *placui* ergab zunächst eine Mittelform *plaui*, daraus im Centralfrz. *ploi*, durch Zusammenziehung von *au* in *o*. Das Nordostfrz. verwarf diese Behandlungsweise, weil sie seiner Vorliebe für den Diphthong *au* widerspricht; es behielt diesen Diphthong bei, sah sich dann aber, zur Vermeidung jenes Triphthongs, genöthigt, das auslautende lat. *i* fallen zu lassen, sodass die Form *plau* entstand]. — Diez Gr. a. a. O. meint, *joy* sei vielleicht französischer Herkunft. Diese Annahme ist meines Erachtens entschieden abzuweisen. Sie ist sowohl, nach dem hier vorgetragenen, überflüssig, als auch unwahrscheinlich, letzteres, weil nicht anzunehmen ist, dass die Provenzalen den herrschenden Ausdruck für einen Begriff, der in ihrer höfischen Lyrik eine so hervorragende Rolle spielt, dem Französischen entlehnt haben sollten; hat doch ihre höfische Lyrik sehr entschieden auf diejenige der Franzosen eingewirkt, aber nicht umgekehrt. Auch wäre bei jener Annahme nicht abzusehen, warum die provenzalische Sprache das Geschlecht des frz. *joie* geändert haben sollte.

Dies Nebeneinanderbestehen dreier, von *gaudium* abstammenden Wortformen: *gaug, joi, jai* wird sich am besten durch die Annahme erklären, dass diese Formen ursprünglich dialektische, d. h. drei verschiedenen provenzalischen Dialekten angehörige waren, und dass sie von da aus in die Dichtersprache der Troubadours aufgenommen wurden, die ja eine über den Dialekten stehende, jedoch auf dieselben sich stützende, aus ihnen sich ergänzende Schriftsprache darstellt. Dabei ist als wahrscheinlich anzunehmen, dass jedes dieser drei Wörter dort, wo es ursprünglich wurzelte, im heimischen Dialekt, die allgemeine Bedeutung der Freude hatte, und dass erst mit ihrer Aufnahme in die Sprache der Troubadours hierin eine Aenderung eintrat. Dieselben empfanden das Bedürfniss nach einem Worte, das, wenn auch der allgemeinen Bedeutung fähig, doch besonders dazu bestimmt sein sollte, die edleren und höheren Arten der Freude zu bezeichnen, darunter namentlich diejenige, von der ihre Lieder wiederhallten, die der Liebe. Diese Aufgabe übertrug man *joi*. Dem gegenüber wurde *gaug* Hauptvertreter der allgemeinen Bedeutung, wobei jedoch die Beziehung auf die Liebe keineswegs ausgeschlossen ist: dieselbe findet sich, wie

wir gesehen haben, oft genug[1]). Bei dieser Verwendung von
gaug für *joi*, mit Bezug auf die Liebe, scheint in der Regel nur
dichterische Willkür, hauptsächlich aber wol das Streben massgebend gewesen zu sein, *joi*, dessen Begriff in den Liebesliedern
fortwährend wiederkehrt, nicht allzu oft zu wiederholen (vgl.
S. 146). Ein metrischer Grund liegt nicht vor, denn ebenso wie
joi (vgl. S. 142) wird auch *gaug* von den Troubadours im Reime
nicht verwandt. Dagegen liegt wahrscheinlich gerade ein solcher
Grund für die (ziemlich seltene) Verwendung von *jai* vor, wie
früher schon (S. 142) bemerkt worden ist.

Was endlich *joia* betrifft, so erklärt sich diese Form aus dem
lat Pl. *gaudia* in derselben Weise, wie *joi* aus *gaudium*[2]), und ist
demselben Dialekt wie dies entsprossen. Für ihre Verwendung
in den Liedern der Troubadours aber wird, ähnlich wie bei *jai*,
hauptsächlich die Rücksicht auf Reim oder Versmass entschei-
dend gewesen sein.

Nachtrag.

Erst nach Vollendung dieser Abhandlung ging mir Thomas'
Ausgabe Bertrans von Born zu (*Poésies complètes*, Toulouse 1888,
in: Bibliothèque méridionale, I¹ᵉ série, t. I). Von den Besserungs-
vorschlägen, die ich zu einzelnen Stellen Bertrans im Laufe der
Arbeit gemacht habe, stimmen zwei mit der Lesung dieser Ausgabe überein, die leider des textkritischen Apparates und text-
kritischer Anmerkungen gänzlich ermangelt: 1) oben S. 107, aus:
S'abrils e fuolhas, Thomas 118; 2) oben S. 122, aus: *Cel qui camja*,
Thomas 116. An zwei andern Stellen dagegen weiche ich auch

---

[1]) Wo *joi* und *gaug* neben einander, beide in Bezug auf die Liebe,
gebraucht werden, zeigt sich mehrfach, dass, dem letzteren gegenüher, *joi*
als Bezeichnung der grösseren, stärker wirkenden Freude gilt. So in einer
Tenzone zwischen einem Grafen und Giraldon, wo die Frage, ob
»jazer« oder »rir' e baisar« in der Liebe vorzuziehen sei, erörtert wird. Giraldon äussert: *Car a cel joi non pren negun egansa, qui ab sidonz pot tota
nuoit jazer, ni ges non vuoill aver gauz ni plazer qui contra so fai nuilla detriansa* (*En Giraldon*, Suchier, Denkmäler I, S. 334).

²) Dass in *joia* das *i* nicht etwa den palatalen Zischlaut bezeichnet,
sondern gesprochen wird wie *j* im gegenwärtigen ital. *gioja*, zeigt schon
der Umstand, dass dafür auch *y* geschrieben wird: *joya*.

von Thomas ab: 1) oben S. 124, aus: *Quan la novella flors*, Thomas 59; der jüngste Herausgeber schliesst sich in der Auffassung der Stelle an Stimming an und setzt nur statt *enques: trames* in den Text; 2) oben S. 134, aus: *S'abrils e fuolhas*, woselbst Thomas (S. 119) die von mir angefochtene Lesart Stimming's, *valors*, beibehält.